A LEI DO MANDADO DE SEGURANÇA

COMENTADA

LEI N. 12.016, DE 7 DE AGOSTO DE 2009

Enfoques civis e trabalhistas

A LEI DO
MANDADO DE SEGURANÇA

COMENTADA

LEI Nº 12.016, DE 7 DE AGOSTO DE 2009

Enfoques civis e trabalhistas

FRANCISCO ANTONIO DE OLIVEIRA

A LEI DO MANDADO DE SEGURANÇA

COMENTADA

LEI N. 12.016, DE 7 DE AGOSTO DE 2009

Enfoques civis e trabalhistas

Editora LTr
SÃO PAULO

Dados Internacionais de Catalogação na Publicação (CIP)
(Câmara Brasileira do Livro, SP, Brasil)

Oliveira, Francisco Antonio de
A Lei do mandado de segurança comentada :
lei n. 12.016, de 7 de agosto de 2009 :
enfoques civis e trabalhistas / Francisco
Antonio de Oliveira. — São Paulo : LTr, 2010.

Bibliografia.
ISBN 978-85-361-1620-4

1. Mandado de segurança 2. Mandado de segurança —
Brasil I. Título.

10-11366   CDU-342.722(81)

Índices para catálogo sistemático:

1. Brasil : Mandado de segurança : Direito
   342.722(81)
2. Mandado de segurança : Brasil: Direito
   342.722(81)

Produção Gráfica e Editoração Eletrônica: **RLUX**

Capa: **FÁBIO GIGLIO**

Impressão: **BARTIRA GRÁFICA E EDITORA**

© Todos os direitos reservados

EDITORA LTDA.

Rua Jaguaribe, 571 — CEP 01224-001 — Fone (11) 2167-1101
São Paulo, SP — Brasil — www.ltr.com.br

LTr 4344.8   Novembro, 2010

SUMÁRIO

1. GENERALIDADES 15

1.1. Da origem no Brasil — breve enfoque 15
1.2. Do direito líquido e certo 16
1.3. Da autoridade coatora 17
1.4. Do prazo para interposição 17
1.5. Do prazo para informações 18
1.6. Da concessão de medida liminar 19
1.7. Da liminar: atos comissivos e omissivos 22
1.8. Da recorribilidade das medidas liminares 23
1.9. Da exceção de incompetência 25
1.10. Da natureza processual 26
1.11. Do ato jurisdicional 26
1.12. Do recurso 27
1.13. Da coisa julgada 27
1.14. Do fundamento legal e do fundamento jurídico 29
1.15. Do assistente 29
1.16. Do advogado: exercício da profissão 30
1.17. Do princípio da legalidade 31
1.18. Do recurso sem efeito suspensivo 31
1.19. Da prova 32
1.20. Do mandado de segurança coletivo e a previsão constitucional ... 33
1.21. Do mandado de segurança coletivo — legitimação 33
1.22. Dos interesses coletivos 34
1.23. Dos interesses difusos 35
1.24. Da autoridade pública ou agente nas vestes de empregador ... 36
1.25. Da competência trabalhista 36
1.26. Das providências que antecedem a impetração da segurança ... 37
1.27. Da jurisprudência: civil e trabalhista 39

COMENTÁRIOS ANALÍTICOS DA LEI DO MANDADO DE SEGURANÇA

LEI N. 12.016, DE 7 DE AGOSTO DE 2009

Art. 1º 47

    1. Do objeto 47

    2. Do direito líquido e certo 48

  § 1º 48

    3. Da substituição 48

    4. Do conceito de autoridade e de simples executor 49

    5. Da indicação correta de autoridade 49

        5.1. Da autoridade pública ou agente nas vestes de empregador 49

    6. Dos requisitos da petição inicial 51

    7. Da pré-constituição da prova 51

  § 2º 51

    8. Da novidade 51

    9. Da Súmula n. 333 do STJ 52

  § 3º 52

    10. Do litisconsorte facultativo 52

Art. 2º 52

    11. Das modificações 53

    12. Da autoridade federal 53

Art. 3º 53

    13. Da substituição processual 53

  Parágrafo único 54

    14. Do prazo 54

Art. 4º 54

    15. Do modo de impetração em caso de urgência 54

        15.1. Da responsabilidade do impetrante 55

        15.2. Das dificuldades de impetração por fax 55

§ 1º 55
    16. Da comunicação à autoridade coatora 56
§ 2º 56
    17. Da Lei n. 9.800/1999 56
        17.1. Do conteúdo lacônico do § 2º, do art. 4º da lei nova 56
§ 3º 57
    18. Dos meios eletrônicos 57

Art. 5º 57
    19. Das restrições à concessão da segurança 58
        19.1. Do processo do trabalho e o mandado de segurança 58
Inciso I 58
    20. Do efeito suspensivo 59
        20.1. Do esgotamento da via administrativa 59
Inciso II 59
    21. Da ampliação da lei nova 60
        21.1. Do efeito suspensivo em sede jurisdicional 60
        21.2. Da demora no pronunciamento recursal 60
        21.3. Do agravo de instrumento do processo comum 60
        21.4. Do agravo de instrumento do processo do trabalho 61
        21.5. Da correição parcial 61
Inciso III 61
    22. Do acréscimo 61
    23. Dos juizados especiais cíveis e criminais 62
    24. Da lei revogada 63
Parágrafo único (VETADO) 63
    25. Do escopo do parágrafo único vetado 63

Art. 6º 64
    26. Dos requisitos da petição inicial 64
    27. Do prejuízo de terceiro 65
    28. Da indicação errônea de autoridade coatora 65

§ 1º 67
    29. De documento em poder de autoridade 67
        29.1. Da negativa de autoridade em fornecer informações e documento ... 68
        29.2. Da negativa de documento em poder de terceiro 70
        29.3. Da ausência de informações e as consequências de revel 70

§ 2º 70
    30. Do comando ordinatório 71

§ 3º 71
    31. Do que seja autoridade coatora 71
    32. Do ato complexo 71
    33. Do ato composto 72
    34. Do ato de avocação 72

§ 4º (VETADO) 73
    35. Do veto presidencial *in verbis* 73
    36. Da correção do veto presidencial 73

§ 5º 73
    37. Do termo denegar 73

§ 6º 74
        37.1. Da renovação da segurança 74

Art. 7º 75
  Inciso I 75
    38. Da notificação 75
    39. Das informações 76
    40. Dos documentos 77
    41. Da ausência de informações e das consequências 78

  Inciso II 79
    42. Da pessoa jurídica interessada 79
    43. Do litisconsorte necessário 80

  Inciso III 81
    44. Da suspensão do ato 82
        44.1. Do ato omissivo 82
        44.2. Do ato comissivo 83

45. Da faculdade do juiz para exigir caução, fiança ou depósito 83
    45.1. Da interpretação literal do inciso III 85
    45.2. Do valor a ser fixado 85
    45.3. Da justiça gratuita e a garantia 85
    45.4. Da garantia no processo do trabalho 85

§ 1º 86
    46. Do recurso de agravo de instrumento 86
        46.1. Do processo do trabalho e a possibilidade de recorrer 87
        46.2. Da tutela antecipada: omissão legislativa 88

§ 2º 89
    47. Das restrições 90
        47.1. De outras restrições 91
        47.2. Das liminares com objeto idêntico 92

§ 3º 92
    48. Dos efeitos da liminar no tempo 92
        48.1. Da liminar de ofício 93

§ 4º 94
    49. Da prioridade no julgamento 94

§ 5º 95
    50. Da tutela antecipada 95

Art. 8º 96
    51. Do decreto de perempção 96
        51.1. Da perempção: Código de 1939 e o atual 97
        51.2. Da necessidade do contraditório antes do decreto de perempção ... 97

Art. 9º 98
    52. Do dever da autoridade administrativa impetrada 98

Art. 10 99
    53. Do indeferimento da inicial 99

§ 1º 101
    54. Do indeferimento da inicial e o recurso cabível 101
§ 2º 102
    55. Da restrição à integração do litisconsorte à lide 102

Art. 11 103
    56. Da documentação 104
        56.1. Das consequências da notificação (citação) 104
        56.2. Das consequências no processo do trabalho 105

Art. 12 105
    57. Do prazo para informações defensórias 105
        57.1. Da ausência de informações: consequências 105
Parágrafo único 106
    58. Do parecer do Ministério Público 106

Art. 13 108
    59. Da transmissão do julgamento 108
Parágrafo único 108
    60. Da comunicação urgente 108

Art. 14 109
    61. Do recurso de apelação 109
        61.1. Da decisão denegatória que não transita em julgado 110
§ 1º 110
    62. Do duplo grau de jurisdição 110
        62.1. Da decisão de colegiado 111
        62.2. Do duplo grau de jurisdição no processo do trabalho 112
        62.3. Do mandado de segurança contra atos judiciais 114
§ 2º 114
    63. Da possibilidade da autoridade coatora recorrer 114
        63.1. Da possibilidade de recorrer quando não houver concessão 115
        63.2. Da possibilidade do Ministério Público recorrer 115

§ 3º 116
    64. Da execução provisória (sentença ou acórdão) 116
        64.1. Da vedação de execução provisória 117
§ 4º 117
    65. Do pagamento de vantagens pecuniárias. Limitação 117

Art. 15 118
    66. Da suspensão de liminar ou de sentença 119
§ 1º 121
    67. Do novo pedido de suspensão 121
§ 2º 121
    68. Do pedido de suspensão em sede de agravo de instrumento 122
§ 3º 122
    69. Da suspensão como ato autônomo 122
§ 4º 123
    70. Do efeito suspensivo antes da apreciação da suspensão 123
§ 5º 123
    71. Da suspensão conjunta de liminares 124

Art. 16 124
    72. Das funções do relator 125
Parágrafo único 125
    73. Da concessão ou denegação de liminar pelo relator 125

Art. 17 126
    74. Da publicação de notas taquigráficas 126

Art. 18 126
    75. Das decisões de única jurisdição e respectivo recurso 126
        75.1. Da natureza jurídica do recurso ordinário 127
        75.2. Do princípio da fungibilidade 127
        75.3. Do recurso ordinário em sede trabalhista 128

Art. 19 128
    76. Do emprego do termo denegar 128
        76.1. Da ausência ou insuficiência de prova 129

Art. 20 129
    77. Da prioridade no julgamento 129
        77.1. Do controle de julgamentos 130
        77.2. Da prioridade do idoso ou portador de doença grave 131
§ 1º 132
    78. Da prioridade na jurisdição superior 132
        78.1. Da prioridade no Regional trabalhista 133
§ 2º 133
    79. Do prazo para a conclusão dos autos 133

Art. 21 133
    80. Da legitimidade para o mandado de segurança coletivo 134
        80.1. Da legitimidade de partido político 134
        80.2. Da legitimação de organização sindical 136
            80.2.1. Dos requisitos para a legitimação 136
            80.2.2. Dos membros ou associados 137
            80.2.3. Da dispensa de autorização especial 137
            80.2.4. Do duplo grau de jurisdição 137
    81. Do substituto processual 138
        81.1. Da legitimação ordinária 138
        81.2. Da origem da substituição processual 139
        81.3. Da crítica ao instituto da substituição processual 140
        81.4. Das restrições ao substituto processual 140
        81.5. Da distinção entre representação e substituição 140
        81.6. Das despesas a cargo do substituto 142
        81.7. Da legitimação: exclusiva ou concorrente 142
        81.8. Da legitimidade concorrente na legitimação ordinária 143
        81.9. Da legitimação extraordinária em sede trabalhista 143

   81.10. Da reconvenção 145
   81.11. Da posição do Supremo Tribunal Federal 145
   81.12. Do resumo 147
Parágrafo único 147
Inciso I 147
  82. Dos interesses difusos, coletivos e individuais homogêneos 147
   82.1. Das características dos interesses difusos e coletivos 148
   82.2. Da área de conflito nos interesses difusos e nos interesses coletivos .. 148
Inciso II 148
   82.3. Dos direitos individuais homogêneos 149

Art. 22 149
  83. Dos efeitos da coisa julgada, segundo a doutrina 149
   83.1. Da limitação da coisa julgada material 151
§ 1º 152
  84. Do conceito de litispendência 152
§ 2º 153
  85. Da restrição à concessão da liminar 153

Art. 23 153
  86. Do prazo para a impetração da segurança 154
   86.1. Da renúncia 155
   86.2. Da pronúncia de ofício pelo juiz da causa 155
   86.3. Das consequências do não pronunciamento 155
   86.4. Do Ministério Público na qualidade de *custos legis* 156
   86.5. Da decadência convencional 156
    86.5.1. Da jurisdição ordinária 157
   86.6. Da contagem de prazo 158

Art. 24 159
  87. Do litisconsorte — enfoque geral 159
   87.1. Do núcleo formador do litisconsórcio 159
   87.2. Da classificação do litisconsórcio 160

- 87.3. Do litisconsórcio necessário 161
- 87.4. Do litisconsórcio necessário unitário 162
- 87.5. Do litisconsórcio facultativo e unitário 162
- 87.6. Do litisconsórcio facultativo e simples 164
- 87.7. Da legitimação *ad causam* no litisconsórcio 164
- 87.8. Da limitação no litisconsórcio 164
- 87.9. Do princípio da inércia no litisconsórcio 165
- 87.10. Dos litisconsortes considerados distintamente 166
- 87.11. Do direito de promover o andamento do processo 166
- 87.12. Da aplicação subsidiária para o litisconsórcio 167
- 87.13. Da autoridade coatora e a pessoa jurídica à qual pertence 167

Art. 25 167

- 88. Da interposição de embargos infringentes 168
- 88.1. Dos honorários advocatícios 168

Art. 26 169

- 89. Do crime de desobediência 169

Art. 27 171

- 90. Da adaptação dos Regimentos Internos e das Leis de Organização Judiciária 171

Art. 28 171

- 91. Da ausência de *vacatio legis* 171

Art. 29 172

- 92. Das revogações 172
- 92.1. Das revogações tácitas 172

BIBLIOGRAFIA 173

1. GENERALIDADES

1.1. Da origem no Brasil — breve enfoque

Vamos encontrar nas lições do Visconde do Uruguai que durante o domínio lusitano nada foi feito, nem se podia fazer. Os Poderes Judicial e Administrativo confundiam-se em um só. O governo absolutista e imperante na Monarquia detinha poderes para avocar processo judicial e decidi-lo da maneira que mais lhe conviesse (*Ensaio sobre o Direito Administrativo*. v. I, p. 136-137, Congresso Nacional).

Lembra Rui Barbosa que só após a proclamação da República e com a Constituição de 1891, é que foi abolido o contencioso administrativo, então, vigente. Daí em diante, todas as causas sob a jurisdição do mencionado contencioso passaram à competência do Poder Judiciário (*Comentários à Constituição Federal do Brasil*. v. IV, p. 430-431, dados coligidos por Homero Pires e Pedro Lessa. In: *Do poder judiciário*. p. 143-152).

Deve-se a João Mangabeira a inclusão do *writ* na Constituinte de 1934, art. 113, n. 33. A Lei n. 191, de 16.1.36, regulamentou o mandado de segurança, excluindo do seu âmbito a liberdade de locomoção e as questões políticas e disciplinares.

Entretanto, a Constituição de 1937 omitiu o mandado de segurança passando a ser regido pela legislação ordinária. O Decreto-lei n. 6, de 16.11.37, proibiu o uso do remédio heróico contra atos do Presidente da República, ministro de Estado, governadores e interventores.

Getúlio Vargas fora eleito Presidente da República com data de término em 3 de maio de 1938, quando seria aberta eleição. Os candidatos que iriam concorrer eram Armando Sales de Oliveira, José Américo de Almeida, Plínio Salgado e Luiz Carlos Prestes. Todavia, as eleições foram frustradas. Em novembro de 1937, Getúlio Vargas deu golpe de Estado e, nesse mesmo mês, outorgou a Constituição do Estado Novo, a qual foi elaborada por um dos mais brilhantes juristas do Brasil, Francisco Campos. Desnecessário dizer que a nova Constituição era autoritária e centralizadora, ingredientes necessários para que qualquer caudilho mantenha-se no poder. Pela nova Constituição, o Presidente da República era considerado a autoridade "Suprema" a quem estava afeta a coordenação de todas as atividades dos órgãos representativos, quer de política interna, quer de política externa. Era também o orientador-mor da política legislativa (art. 180, CF), mediante a expedição de Decretos-lei. O Poder Jurisdicional foi suprimido perante o Presidente da República e a Imprensa funcionava mediante censura prévia. O Presidente da República possuía poderes para dissolver o Congresso e para indicar o seu candidato à sucessão. O país havia adotado o procedimento fascista de Mussolini a quem rendia tributos. Com a derrota do fascismo e do nazismo, houve uma pequena abertura com designação de eleições populares. Mas em 29 de outubro de 1945, Getúlio Vargas foi deposto por um movimento liderado pelo General Góes Monteiro.

O *writ* readquiriu o seu *status* de garantia constitucional a partir da Constituição de 1946. A atual o prevê no art. 5º, LXIX e LXX, com a novidade de haver instituído o mandado de segurança coletivo. Remetemos para um estudo mais aprofundado à nossa obra *Mandado de segurança e controle jurisdicional*. 3. ed. São Paulo: RT, 2001.

A Lei n. 12.016, de 7 de agosto de 2009, dispõe sobre as normas procedimentais do mandado de segurança (*vide* também normas sobre a matéria nos Regimentos Internos dos Tribunais).

1.2. Do direito líquido e certo

Doutrina Carvalho Santos (*Código Civil brasileiro interpretado*. v. 21, p. 5) que "líquida é a obrigação certa sobre a qual não pode haver dúvida *an*, *quid*, *quale*, *quantum debeatur*, ou seja, precisamente, obrigações determinadas pela respectiva espécie, quantidade e qualidade". Themístocles Cavalcanti (*Mandado de segurança*. São Paulo: Saraiva, 1966. p. 268) preleciona que: "Direito líquido e certo é o que se apresenta manifesto na sua existência, delimitado na sua extensão e apto a ser exercitado no momento da impetração. Por outras palavras, o direito invocado, para ser amparável por mandado de segurança, há de vir expresso em norma legal e trazer em si todos os requisitos e condições de sua aplicação ao impetrante. Se a sua existência for duvidosa; se a sua extensão ainda não estiver determinada; se o seu exercício depender de situações e fatos não esclarecidos nos autos, não rende ensejo a segurança, embora possa ser defendido por outros meios judiciais." Segundo Hely Lopes Meirelles (*Mandado de segurança e ação popular*. São Paulo: RT, 1968. p. 34), "direito líquido e certo é direito comprovado de plano. Se depender de comprovação posterior, não é líquido nem certo, para fins de segurança. Evidentemente, o conceito de liquidez e certeza adotado pelo legislador do mandado de segurança não é o mesmo do legislador civil (Código Civil, art. 1.533, sem correspondente no CC/2002). É um conceito impróprio — e mal expresso — alusivo à precisão e comprovação do direito, quando deveria aludir à precisão e comprovação dos fatos e situações que ensejam o exercício desse direito".

1.3. Da autoridade coatora

O *writ* deve ser impetrado contra autoridade que detenha poderes capazes de neutralizar o ato atacado. O simples executor não é autoridade coatora.

Doutrina Hely Lopes Meirelles (*Mandado de segurança*. São Paulo: RT, 1989. p. 32) que: "Considera-se autoridade coatora a pessoa que pratica o ato impugnado e não o superior que o recomenda ou baixa normas para a sua execução. Não há confundir, entretanto, o simples executor material do ato com a autoridade por ela responsável. Coatora é a autoridade autônoma que ordena, concreta e especificamente, a execução ou inexecução do ato impugnado, e responde pelas suas consequências administrativas; executor é o agente subordinado que cumpre a ordem por dever hierárquico, sem se responsabilizar por ela. Exemplificando: numa imposição fiscal ilegal, atacável por mandado de segurança, o coator não é nem o Ministro ou Secretário das Finanças que expede instruções para arrecadação de tributos, nem o funcionário subalterno que cientifica o contribuinte da exigência tributária; o coator é o chefe do serviço que arrecada o tributo e impõe sanções fiscais respectivas."

A indicação correta da autoridade coatora, com legitimidade para o desfazimento de ato comissivo ou para a formação de ato omissivo, constitui providência inarredável para que a segurança seja conhecida. A errônea indicação de autoridade desaguará no arquivamento por ausência de uma das condições da *ação: legitimidade ad causam passiva*. Antes da impetração do *writ*, o advogado deve valer-se de todos os cuidados, não só quanto à autoridade coatora, mas também quanto à competência, e ter em mente as restrições que existem no tocante ao pedido inicial, tendo em conta as peculiaridades que dão suporte à segurança.

1.4. Do prazo para interposição

O direito para impetrar o mandado de segurança extinguir-se-á decorridos 120 dias contados da ciência, pelo interessado, do ato impugnado (art. 23 da Lei n. 12.016/09). O prazo é decadencial. Nesse sentido, lições de Themístocles Cavalcanti (*Mandado de segurança*. Rio de Janeiro: Freitas Bastos, 1966. p. 140): "O prazo é de decadência e, por isso mesmo, o Código de Processo mais propriamente preferiu dizer: 'extinguir-se-á'. As consequências que daí decorrem são conhecidas do direito processual. O prazo não se interrompe nem se suspende — é corrente e improrrogável." Não se aplicam para a espécie os preceitos dos arts. 188 e 191 do CPC. Nota: O art. 208, CC, que cuida da decadência, reporta-se ao art. 198, I, CC: "Também não corre a prescrição: I — contra incapazes de que trata o art. 3º." Tem-se, pois, que a decadência na hipótese mencionada não corre o prazo. Com o advento da Lei n. 11.280/06, dando nova redação ao § 5º, do art. 219, CPC, a prescrição aproximou-se da decadência, embora ainda conserve certas peculiaridades.

1.5. Do prazo para informações

De conformidade com o art. 7º, I, da Lei n. 12.016/09, a autoridade coatora terá 10 dias para prestar informações.

Doutrina Hely Lopes Meirelles (*Mandado de segurança*. São Paulo: RT, 1989. p. 24) que: "A omissão das informações pode importar confissão ficta dos fatos arguidos na inicial, se a isto autorizar a prova oferecida pelo impetrante. Por outro lado, as informações merecem credibilidade até prova em contrário, dada a presunção de legitimidade dos atos de administração e da palavra de seus agentes." Em sentido oposto, doutrina Celso Agrícola Barbi (*Do mandado de segurança contra ato judicial*. Rio de Janeiro: Ajuris, 1978): "A não apresentação de defesa no prazo legal não deve ser considerada como confissão ficta". Othon Sidou (*Mandado de segurança*. 3. ed. São Paulo: RT, 1969. p. 312) dispõe: "A autoridade apontada como coatora, que descumpre o pedido de informação, em mandado de segurança, deixando de acudir, implicitamente, ao chamamento a juízo, torna-se revel na melhor conceituação, arrastando a entidade de direito público às consequências patrimoniais acaso decorrentes da sua contumácia."

Aos magistrados e funcionários da administração pública e aos serventuários da Justiça que descumprirem os prazos mencionados nesta lei, aplicam-se as sanções do Código de Processo Civil e do Estatuto dos Funcionários Públicos da União (Lei n. 8.112/90) nos termos do art. 8º da Lei n. 4.348, de 26.6.64 (revogada). Embora a Lei de Segurança nada mencione quanto aos magistrados (ato jurisdicional), determinando que o julgamento seja levado a efeito sem as informações (art. 12), as Corregedorias Regionais e a Corregedoria Geral poderão tomar providências administrativas, devendo o relator comunicar o fato.

No caso de ato jurisdicional, o prazo para informações deve ser cumprido com rigor pelo magistrado. O mandado de segurança é procedimento especial que exige celeridade na prestação jurisdicional. Embora permita a lei que o julgamento seja levado a efeito, mesmo sem as informações da autoridade dita coatora, isso não significa que a autoridade, mormente quando for o caso de juiz, possa escolher entre informar ou silenciar. É bom lembrar que "retardar ou deixar de praticar, indevidamente, ato de ofício, ou praticá-lo contra disposição expressa em lei, para satisfazer interesse ou sentimento pessoal", previsto no art. 319 do Código Penal, poderá tipificar o crime de prevaricação. Em se tratando de juiz de jurisdição inferior, deve atender, também, ao princípio da hierarquia.

Discordamos, *data venia*, dos que entendem que a ausência de informações deságua na revelia e na confissão da matéria fática. Se assim fosse, a autoridade indicada como coatora estaria descumprindo o seu dever funcional e responderia perante o Poder ao qual pertence, no mínimo, por negligência. Por outro lado, estariam abertas as portas para as falcatruas, *consilium fraudis*, corrupção etc. O mandado de segurança é uma ação de natureza constitucional com perfil atípico, na qual existe um autor, mas, não existe réu na sua verdadeira acepção jurídica. De um lado, existe autor e, de outro, existe autoridade (federal, estadual ou municipal) que editou ato, ou deixou de fazê-lo (comissivo e omissivo) de forma arbitrária ou contrária ao direito, impondo prejuízo ao autor, ou com a possibilidade potencial de trazer prejuízos irreparáveis ou de difícil reparação. Daí o *mandamus* repressivo ou preventivo. Não existe réu propriamente dito; não existe defesa na acepção jurídica, mas "informações". É espécie de defesa atípica, em que a autoridade informa os acontecimentos. Todavia, na prática, em se tratando de atos judiciais, é costume dos juízes ir além das simples informações e indicar fundamentos legais, doutrinários ou jurisprudenciais para que o *writ* não seja recebido; mas, se recebido, que seja denegada a segurança. Em caso de concessão de liminar, nada impede que constem das informações argumentos pelos quais a concessão da liminar deva ser considerada e cassada.

Fora dos atos jurisdicionais, da mesma forma, onde as informações se constituem em um misto de informação e defesa, nada impede, tudo aconselha que a autoridade dita coatora exponha argumentos pelos quais a segurança não deva ser conhecida ou, se conhecida, não seja concedida. Além do ataque ao mérito, pode e deve levantar preliminares e exceções. Tudo isso facilitará o exame do caso pelo magistrado. Todavia, dada a atipicidade da ação, não há falar em revelia ou confissão.

1.6. Da concessão de medida liminar

Ao despachar a inicial, o juiz ordenará que se suspenda o ato que deu motivo ao pedido, quando for relevante o fundamento e do ato impugnado puder resultar a ineficácia da medida, caso seja deferida (art. 7º, III, da Lei n. 12.016/09).

Com o advento da nova Lei de Segurança (Lei n. 12.016/09), a concessão ou a negativa de liminar ganhou um outro e salutar enfoque. Veremos, a seguir, como era e como ficou.

Segundo a lei anterior (Lei n. 4.348/64 — revogada), a medida liminar somente tinha eficácia pelo prazo de 90 dias a contar da data da respectiva concessão, prorrogável por 30 dias quando, provadamente, o acúmulo de processos pendentes de julgamento justificasse a prorrogação. Vale dizer, o interesse do impetrante na duração da liminar estava condicionada ao acúmulo de processos do julgador. Se o julgador estivesse sobrecarregado (e sempre está), o prazo se esvairia e a liminar perderia o seu efeito. Com isso, poderia haver a perda de direito. O raciocínio contido na lei era absurdo e sem qualquer nuance de razoabilidade. Entre o juiz e o acúmulo de processos, o impetrante estava na posição de *res inter alios*. A erronia passou a ser corrigida de forma interpretativa doutrinária com a recepção tímida da jurisprudência com o advento do Código Buzaid (art. 798). A partir daí, a liminar não teria mais prazo de duração. Com a nova lei, os efeitos da liminar persistirão até a prolação da decisão, sentença ou acórdão (art. 7º, § 3º). Deu-se, todavia, ao juiz a faculdade de exigir caução (art. 7º, III).

Seria decretada a perempção ou a caducidade da medida liminar *ex officio* ou a requerimento do Ministério Público, quando, concedida a medida, o impetrante criasse obstáculo ao normal andamento do processo, deixasse de promover, por mais de 3 dias, os atos e diligências que lhe cumprissem, ou abandonasse a causa por mais de 20 dias (arts. 1º, *b*, e 2º, da Lei n. 4.348/64 — revogada). A nova Lei (art. 8º) fala somente em 3 (três) dias para ambas as hipóteses. O prazo é exíguo e afronta a realidade. Nenhum impetrante tem interesse em não usufruir de uma liminar ou terá interesse em abandonar a causa. Na prática, devem os juízes agir com razoabilidade, sem açodamento, frente à realidade dos autos.

A Lei n. 4.348/64 foi revogada pela Lei n. 12.016/09 (MS) que não mais exige prazo para a duração da liminar, persistindo esta até o efetivo julgamento concessivo, ou não, da segurança (inciso III, do art. 7º), facultando ao juiz, a seu douto critério, exigir caução da parte para a concessão de liminar (III). Da concessão, ou não, da liminar, a parte poderá recorrer pela via do agravo de instrumento. Esta é a novidade: da concessão, ou não, de liminar, caberá agravo de instrumento art. 7º, § 1º (primeiro grau) e art. 16, parágrafo único (tribunal). Esse sempre foi o desejo de todos aqueles que militam como advogados. Com raras exceções, as liminares não eram concedidas com rigoroso critério. Dava-se oportunidade à idiossincrasia. Essa situação era reconhecida por juristas, advogados e juízes.

Os mandados de segurança a que se referia o art. 5º, parágrafo único, da Lei n. 4.348/64 serão executados depois de transitada em julgado a respectiva sentença, hoje revogada. A Lei n. 12.016/09 faz restrição no art. 7º, § 2º, proibindo a concessão de liminar.

A Lei n. 2.770/56, suprime a concessão de medidas liminares nas ações e procedimentos judiciais de qualquer natureza que visem liberação de bens, mercadorias ou coisas de procedência estrangeira (art. 1º). A Lei n. 8.437, de 30.6.92, art. 1º, § 5º (Medida Provisória n. 2.180/01), comanda que: "Não será cabível medida liminar que defira compensação de créditos tributários ou previdenciários." E no § 8º complementa: "As liminares, cujo objeto seja idêntico, poderão ser suspensas em única decisão, podendo o Presidente do Tribunal estender os efeitos da suspensão a liminares supervenientes, mediante simples aditamento do pedido original."

Com a nova redação dada ao § 2º, do art. 4º, da Lei n. 4.348/64 (revogada), pela Medida Provisória n. 2.180/01, "aplicam-se à suspensão da segurança (...) as disposições dos §§ 5º e 8º do art. 4º da Lei n. 8.437/92". Dispõe o art. 1º, da Lei n. 8.437/92, que: "Não será cabível medida liminar contra atos do Poder Público, no procedimento cautelar ou em quaisquer outras ações de natureza cautelar ou preventiva, toda vez que providência semelhante não puder ser concedida em ações de mandado de segurança, em virtude de vedação legal. § 1º Não será cabível, no juízo de primeiro grau, medida cautelar inominada ou a sua liminar, quando impugnado ato de autoridade sujeita, na via de mandado de segurança, à competência originária de tribunal. § 2º O disposto no parágrafo anterior não se aplica aos processos de ação popular e de ação civil pública. § 3º Não será cabível medida liminar que esgote, no todo ou em qualquer parte, o objeto da ação". "Art. 3º O recurso voluntário ou *ex officio*, interposto contra sentença em processo cautelar, proferida contra pessoa jurídica de direito público ou seus agentes, que importe em outorga ou adição de vencimentos ou de reclassificação funcional, terá efeito suspensivo." Segundo o art. 4º, "compete ao presidente do tribunal, ao qual couber o conhecimento do respectivo recurso, suspender, em despacho fundamentado, a execução da liminar nas ações movidas contra o Poder Público ou seus agentes, a requerimento do Ministério Público ou da pessoa jurídica de direito público interessada, em caso de manifesto interesse público ou de flagrante ilegitimidade, e para evitar grave lesão à ordem, à saúde, à segurança e à economia públicas. § 1º Aplica-se o disposto neste artigo à sentença proferida em processo de ação cautelar inominada, no processo de ação popular e na ação civil pública, enquanto não transitada em julgado." Art. 2º da Lei n. 8.437/92: "No mandado de segurança coletivo e na ação civil pública, a liminar será concedida, quanto cabível, após audiência do representante judicial da pessoa jurídica de direito público, que deverá ser pronunciar no prazo de setenta e duas horas." Nesse mesmo sentido, dispõe o § 2º, do art. 23 da Lei n. 12.016/09.

O STF deferiu medida cautelar para suspender o art. 1º, da Lei n. 9.494/97, para determinar que, em caso de pedido de tutela antecipada, serão aplicados os preceitos dos arts. 5º e seu parágrafo único e 7º da Lei n. 4.348/64 (revogada).

A concessão de medida liminar é procedimento cautelar que exige, todavia, certos pressupostos, quais sejam: a) relevância dos motivos alegados pelo impetrante; b) possibilidade da parte sofrer grave e irreparável lesão, caso o seu direito venha a ser, posteriormente, reconhecido. A liminar tem função social por excelência. Faz cessar, temporariamente, os efeitos do ato impugnado; evita que o Judiciário cometa *error in judicando*. *Vide* Lei n. 7.969/89 que estende os preceitos dos arts. 796 a 810 do CPC. A Lei n. 4.348/64 (revogada) proibia a concessão de liminar visando a equiparação de servidores públicos e a execução dar-se-ia somente após o trânsito em julgado (art. 5º e parágrafo único). Todavia, a liminar deverá ser concedida toda vez que houver a possibilidade da perda de direito ou de prejuízo provável. Nesse sentido, impõe-se o sistema jurídico que tem de encontrar mecanismos idôneos para que haja a efetividade do direito ou do seu exercício.

Como vimos inicialmente, a restrição do prazo de 90 dias para a liminar (art. 1º, *b*, Lei n. 4.348, de 26.6.64 — revogada) restou superada pelo novo Código de Processo Civil que dá ao juiz o poder geral de cautela (art. 798). De conformidade com a nova lei de segurança (art. 7º, § 3º), a liminar persistirá até o julgamento da segurança.

Não tinha sentido a drasticidade da Lei n. 4.348/64 (revogada), quando o Poder Judiciário luta com dificuldades de material e de funcionários, e não existe possibilidade de nenhuma ação, inclusive mandado de segurança, ser apreciada e julgada com tanta rapidez, mesmo se dando preferência ao julgamento. O trâmite processual, até que volte ao julgador, com informações da parte e o pronunciamento do Ministério Público, é longo. Para assegurar direito é concedida a liminar. Sabendo-se que o *writ*, em sua maioria, é para denunciar ilegalidade do administrador público, a cassação da liminar só serviria para incentivar atos arbitrários. Depois, pergunta-se: por que carrear à parte o prejuízo de um ato arbitrário, quando ela não concorre para o atraso no julgamento e o Poder Público é o único culpado pela falta de verbas que impedem um Judiciário mais célere? Referido dispositivo destoava da realidade. No entanto, durou quase meio século, prova inconteste da falta de sensibilidade e de racionalidade dos nossos legisladores.

1.7. Da liminar: atos comissivos e omissivos

A concessão da liminar, regra geral, supõe ato comissivo da autoridade. O pedido liminar é para que a autoridade se abstenha de praticar o ato ou suspenda os seus efeitos se já praticado.

Em se cuidando de ato omissivo, não há cogitar de suspensão, porque, como preleciona Castro Nunes (*Mandado de segurança*. 7. ed. Rio de Janeiro: Forense, 1967. p. 322) "não será preciso que o despacho, seja deferindo, seja indeferindo a suspensão requerida, envolva prejulgamento do pedido; o juiz que denegou a suspensão liminar poderá conceder o mandado, ou vice-versa; ainda que nesta última hipótese tenha de justificar que o direito certo, ao primeiro exame, incerto se tornou no curso do processo. Não se perca de vista, entretanto, que a suspensão liminar supõe ato comissivo da autoridade. Só esse pode ser sobrestado na execução ou na suspensão. O pedido, em tais casos, é para que a autoridade se abstenha de o praticar ou o suspenda se já praticado. Se se trata, porém, de corrigir omissão ou recusa a liminar há de ser mais restrita, pois a concessão poderá esvaziar o conteúdo da segurança. O exemplo clássico (Nunes Leal) é o da autoridade que nega a acolher a inscrição para concurso".

Doutrina Ulderico Pires dos Santos (*Mandado de segurança na doutrina e na jurisprudência*. Rio de Janeiro: Forense, 1973. p. 322, nota 166) que: "A suspensão liminar do ato não entra no conhecimento do mérito. Independe de requerimento da parte. Seu deferimento tem caráter meramente preservatório. Limita-se a suspender pura e simplesmente o ato, tendo em vista a iminência da lesão. Com a sua concessão, não reconhece nem afirma direitos, não prejulga nada, nem diz que a Administração agiu certo ou errado. É, pois, um ato de grande relevância judicial que o legislador deixou ao equilibrado arbítrio do juiz. O direito propriamente dito do impetrante, só pode ser declarado a final, ou seja, depois de finda a instrução com as informações da autoridade coatora e o parecer do Ministério Público.

A concessão de liminar há de ser precedida de criterioso estudo, só se concedendo em caso de iminente e irreparável lesão. O aguardo das informações da autoridade dita coatora, em certos casos, é medida salutar que indica equilíbrio e bom-senso. A concessão indiscriminada de medidas liminares poderá levar ao referendo de caprichos e procrastinações, às vezes, irreversíveis, com desprestígio do próprio Poder Judiciário, *v. g.*, liminar mandando liberar penhora sobre dinheiro. Ainda que o *mandamus* não venha a ser cumprido, o mal já se consumou e, fatalmente, não haverá como penhorar novamente o dinheiro. Vide Lei n. 7.969, 22.12.89. Este é um pronunciamento de fundo, que, para proferi-lo, o juiz, antes, tem de examinar cuidadosamente a alegação das partes e textos invocados, a fim de aplicar as normas jurídicas atinentes ao ato, proclamando a existência, ou não, do direito invocado. Já a liminar, não. Sua função social é fazer cessar, em caráter temporário, o ato impugnado até que, em face da indiscutibilidade do direito invocado e comprovado, possa o juiz decidir sem incorrer em *error in judicando*. Como a sentença proferida em qualquer medida cautelar, a prolatada em mandado de segurança, determinando a suspensão liminar do ato impugnado, produz todos os seus efeitos até ser expressamente revogada pelo juiz. Não basta, para cessá-los, a decisão de mérito que denega, afinal, a segurança, ainda que essa sentença seja meramente temporária, transitória."

O entendimento retro contraria entendimento da Excelsa Corte. A concessão da liminar é medida acautelatória acessória e está ligada ao *writ* na razão de acessório para o principal. Negado o direito no *mandamus,* a medida, por consequência, perde imediatamente a sua eficácia. Nesse sentido, Súmula n. 405 do STF: "Denegado o mandado de segurança pela sentença, ou no julgamento do agravo dela interposto, fica sem efeito a liminar concedida, retroagindo os efeitos da decisão contrária."

Doutrina M. Seabra Fagundes (*O controle dos atos administrativos pelo Poder Judiciário*. 4. ed. Rio de Janeiro: Forense, 1967. p. 316): "Parece-nos que, apesar do texto da lei referir-se à sentença, deve entender-se também ser oportuna a restauração da executoriedade do ato, diante da suspensão liminar decretada pelo juiz ao receber a inicial. Sem o que teríamos o absurdo de uma decisão, como o despacho liminar, de muito menor significação jurídico-processual, mas com a mesma intensidade, nas consequências de fato que a sentença, se apresentar menos possível de corretivo do que esta. Há de entender-se, que ao falar o texto de mandado concedido, abrange, tanto a sentença, como o despacho liminar." Todavia, o entendimento não se apresenta tranquilo. Em sentido oposto, doutrina Hely Lopes Meirelles (*Mandado de segurança e ação popular*. São Paulo: RT, 1968. p. 64).

1.8. Da recorribilidade das medidas liminares

A nova Lei de Segurança (Lei n. 12.016/08) inovou e rompeu com entendimento secular firmado pela jurisprudência no sentido de que da concessão ou da negativa de medida liminar, nenhum recurso cabia. Considerava-se a concessão, ou não, ato discricionário do juiz. Com isso, floresceu a concessão ou a negativa de liminares sem maiores critérios. Adotava-se a surrada fórmula, presentes o *fumus boni juris* e o *periculum in mora*, concedo a liminar ou ausentes o *fumus boni juris* e o *periculum in mora*, nego a liminar, quando, na verdade, a concessão, ou não, da liminar deve ser precedido de rigoroso critério. Se for caso de concessão, não pode o juiz deixar de conceder; se não for caso, não pode conceder. Não se trata de ato discricionário, cuja concessão, ou não, dependeria do humor do magistrado.

Até então, regra firmada era no sentido do não cabimento de agravo regimental de despacho de juiz relator que concede liminar e do não cabimento de agravo de instrumento em primeiro grau. Se, de um lado, o óbice criado premia o princípio da celeridade, vista de outro ângulo, a questão poderá dar azo a prejuízos irreparáveis, *v. g.*, liminar concedida determinando a liberação de penhora recaída em dinheiro, quando a empresa havia desaparecido com o seu fundo de comércio. Posteriormente, o *writ* é conhecido, mas não é provido; todavia, a liminar esgotou o próprio conteúdo do *writ*. O impetrante perdeu a causa, mas conseguiu o seu intento. Outros exemplos poderiam ser citados. Não se pode perder de vista que a concessão de liminar exige a presença de certos pressupostos, pena de tornar-se arbitrária. Dizíamos que a admissão do agravo regimental era matéria que dizia respeito à ampla defesa, cânone constitucional irrecusável. A ausência de recurso trazia mais prejuízos do que benefícios.

O egrégio TST no ARMS n. 3/81, em 16.9.81, relator Min. Fernando Franco, decidiu que o despacho de juiz que concede a liminar é irrecorrível. Só o STF pode, a teor do art. 297 do seu Regimento Interno, suspender a segurança e a liminar concedidas por tribunais inferiores, mas, a requerimento da Procuradoria Geral ou da pessoa de direito público interessada. Contudo, entende Coqueijo Costa (*Mandado de segurança e controle constitucional*. 2. ed. São Paulo: LTr, 1982. p. 166) que do indeferimento da liminar "deve pertinir o agravo regimental". Dispõe a Lei n. 1.533/51 (LMS), arts. 8º e 12, do cabimento da apelação (recurso ordinário na Justiça do Trabalho) das sentenças que negarem ou concederem a segurança. Observa o autor que: "Se de relator de tribunal, em competência originária, nada diz a lei, mas deve pertinir o agravo de regimental, dada a evidente compatibilidade da apelação em tal hipótese discricionária, mera faculdade de que se utiliza ou não, é evidente que o despacho que determina, ou deixa de determinar, *initio litis*, a suspensão do ato impugnado, não é suscetível de recurso".

Dizíamos que o agravo regimental se faz necessário nos atos concessivos, ou não, do relator: O uso indevido do agravo poderá ser coibido por medidas processuais postas à disposição do julgador. A regra, todavia, é a ausência de previsão nos Regimentos Internos dos Tribunais. O agravo regimental é previsto (ou deve ser) nos Regimentos Internos dos Tribunais. "Se não estiver previsto, caberá, por ser recurso implícito contra qualquer despacho (...), que impeça o recurso chegue ao plenário (devolutividade). A competência hierárquica ou funcional é do colégio, para o qual o despacho agravado impediu o envio do processo." O art. 13 da Lei n. 1.533/51 (revogada) prevê o recurso de agravo, quando concedida a segurança, o presidente do tribunal pode suspender a execução. A Lei n. 4.348/64 (revogada), art. 4º, também, prevê o agravo, quando, a pedido de pessoa jurídica de direito público, o presidente do tribunal suspender a execução da liminar, caberá agravo sem efeito suspensivo. O art. 297 do RISTF, § 2º, referindo-se à mesma hipótese diz que cabe o agravo regimental. A Súmula n. 506 do egrégio STF enuncia que: "O agravo a que se refere o art. 4º da Lei n. 4.348 (revogada), de 26.6.64, cabe somente do despacho do Presidente do STF que defere a suspensão da liminar em mandado de segurança; não do que a denega". Segundo Ulderico Pires dos Santos (*O mandado de segurança na doutrina e na jurisprudência*. Rio de Janeiro: Forense, 1973. p. 124): "Do despacho que indefere a liminar não cabe recurso algum, por tratar-se de ato que a lei deixa ao livre e prudente arbítrio do julgador. Tratando-se, assim, de providência determina, ou deixa de determinar, *initio litis*, a suspensão do ato impugnado, não é suscetível de recurso".

A irrecorribilidade das liminares constitui fato do passado. De conformidade com o art. 7º, § 1º, da concessão ou não de medida liminar, em primeiro grau, tem cabimento o agravo de instrumento; da concessão, ou não, em segundo grau (art. 16, parágrafo único) caberá agravo regimental. Sobre a atividade recursal em sede trabalhista, remetemos para os comentários específicos postos no § 1º, do art. 7º.

1.9. Da exceção de incompetência

As regras procedimentais do *writ* são de âmbito restrito. Não obstante, deve a autoridade indicada como coatora, por ocasião das informações, invocar toda matéria de defesa, como ilegitimidade de parte, incompetência do juízo, reconsideração do ato etc. Todavia, mesmo se apresentando a hipótese de incompetência, não deve o juízo remeter os autos ao juízo competente. Neste caso, o *writ* será extinto, dando-se à parte a possibilidade de impetrar corretamente a segurança. Poderá, ainda, agir de ofício em caso em que verifique a incompetência, posto que qualquer julgamento estaria eivado de nulidade.

O mandado de segurança é uma ação especial e a prestação jurisdicional deverá ser prestada com urgência, muito embora se verifique, na prática, que as decisões em sede de *writ* demoram, por vezes, mais de ano. Assim, não pode ser procedida discussão sobre competência, pois uma exceção nesse sentido poderá determinar uma demora de vários meses, ou mesmo anos, e o prejuízo seria irremediável, pois o ato atacado (omissivo ou comissivo) continuaria a refletir o arbítrio e, quando viesse a ser apreciado, já teria perdido o seu objeto. Embora ainda se encontrem defensores em contrário, baseado em doutrina antiga (Seabra Fagundes, *ob. cit.*, p. 166), tais entendimentos se ressentem da ausência de razoabilidade. Não estando presentes os pressupostos processuais (juízo competente) e as condições da ação, deve o *writ* ser, desde logo, arquivado.

1.10. Da natureza processual

Dispõe Hely Lopes Meirelles (*Mandado de segurança e ação popular*. São Paulo: RT, 1968. p. 4) que "é ação civil de rito sumário especial, destinado a afastar ofensa a direito subjetivo próprio, privado ou público, por meio de ordem corretiva ou impeditiva da ilegalidade, ordem esta a ser cumprida especificamente pela autoridade coatora, em atendimento de notificação judicial". O egrégio STF já decidiu que: "Mandado de segurança é ação civil, ainda quando impetrado contra ato de juiz criminal, praticado em processo penal. Aplica-se, em consequência, ao recurso extraordinário interposto da decisão que o julga, o prestabelecido no CPC" (Ac. STF, RE n. 85.278, DJU de 12.9.77, p. 6.171, rel. Min. Xavier de Albuquerque, *apud* Coqueijo Costa, *ob. cit.*, p. 32).

Segundo Pontes de Miranda (*Comentários ao Código de Processo Civil*. Rio de Janeiro: Forense, 1939. v. III, p. 318), "o mandado de segurança é uma das espécies de ação mandamental. As ações de mandamento foram criadas por *Kuttner* e aceitas, entre outros, por Goldschmidt. Este as definiu nos seguintes termos: 'As ações de mandamento tendem a obter um mandado dirigido a outro órgão do Estado, por meio de sentença judicial. Essa categoria de ação, como observa Alcalá-Zamora, além de pouco difundida, não atingiu o grau de maturação alcançado pelas demais categorias do direito de agir. E a razão é simples: não há lugar para uma nova espécie de ação, com esse título. A ação mandamental, no dizer de Guasp, não é categoria processual congruente com as anteriores, pois não se funda em natureza peculiar do pedido ou prestação."

1.11. Do ato jurisdicional

A Emenda Constitucional n. 45/04 modificou a situação competencial. O primeiro grau passou a ter competência para o *writ* e o *habeas corpus*. O âmbito de competência do primeiro e do segundo grau se ampliou.

Antes, o ato jurisdicional era a forma, por excelência, de mandado de segurança na Justiça do Trabalho. Nesta, o juízo de primeiro grau (Vara do Trabalho) era sempre incompetente para apreciar a ação de mandado. Se a autoridade coatora não fosse juiz de vara ou do tribunal trabalhista haveria incompetência absoluta da Justiça do Trabalho. Os atos de juízes de primeiro grau, de membros do TRT e de autoridades administrativas daqueles órgãos eram apreciados pelo TRT em sua composição plena ou pelo órgão especial, onde houver.

Agora, o ato jurisdicional ainda continua sendo a fonte de segurança de maior expressão. Mas o âmbito da competência se ampliou, e o primeiro grau foi aquinhoado com o âmbito da competência.

O poder público, ao contratar pelo regime trabalhista, perde a sua potestade de autoridade e passa a ombrear-se como simples empregador. O contrato de trabalho é regido pelo Direito Privado. A autoridade só se projeta como tal quando está sobre a regência do Direito Público.

1.12. Do recurso

Da sentença, que negar ou conceder o mandado, caberá apelação, nos termos do art. 10, § 1º, da Lei n. 12.016/09 (NLMS), no prazo de 15 dias (art. 508, CPC). Quando o *writ* for decidido no âmbito do Tribunal de Justiça, o recurso será o ordinário para o STJ (art. 10-5, II, *b*, CF). Se o ato for do relator (monocrático), cabe agravo regimental para o colegiado ao qual pertença no tribunal.

Na Justiça do Trabalho, caberá recurso ordinário, em oito dias, nos termos da Lei n. 5.584/70 e Súmula n. 28, com nova redação (Res. n. 121/03) dirigido ao TST, sem efeito suspensivo (art. 899, CLT), em sua composição plena (art. 702, II, *a*, da CLT).

Compete à Seção de Dissídios Individuais (Lei n. 7.701/88) julgar os mandados de segurança, quando impetrados contra ato seu, das Turmas ou de qualquer dos membros do Tribunal, exceto quando o ato impugnado for do Presidente, do Vice-presidente ou do Corregedor, hipóteses em que a competência será do Órgão Especial, onde houver, ou do Pleno.

A restrição da jurisprudência do Supremo deve ser observada: não cabe extraordinário quando a decisão do tribunal *a quo* não aprecia o mérito do pedido (Acs. STF, DJU de 11.5.79, p. 3.692 e DJU de 30.10.79, p. 8.986). Decisões denegatórias em única instância desafiam o recurso ordinário para o STF (art. 102, II, *a*, CF).

O duplo grau de jurisdição está previsto no art. 10, § 1º, da Lei n. 12.016/09 (NLMS). Lembra Coqueijo Costa (*Mandado de segurança e controle constitucional*. 2. ed. São Paulo: LTr, 1982. p. 123) que "não é só quando inexistir apelação da pessoa de direito público vencida no mandado que se fará a remessa, sob pena de avocação. Mesmo havendo recurso voluntário da parte dela, pois que este pode ser parcial e a devolução, pela remessa *ex officio,* é total. A regra é a mesma para a sucumbência parcial, em que só recorra o autor impetrante, ou haja desistência de recurso de qualquer das partes: a remessa subsiste. O processamento da remessa necessária é o mesmo da apelação, na Justiça comum, e do recurso ordinário, na Justiça do Trabalho, inclusive com sustentação oral na tribuna". Discordamos do autor. Temos, para nós, que a interposição do recurso voluntário delimita a matéria e restringe o recurso de ofício à matéria de direito.

1.13. Da coisa julgada

A regra geral é a de que contra a coisa julgada é incabível o *writ*. Neste sentido, a Súmula n. 268 do STF: "Não cabe mandado de segurança contra decisão judicial com trânsito em julgado." Na mesma esteira, trilha o TST, por meio da Súmula n. 33: "Não cabe mandado de segurança contra decisão judicial transitada em julgado."

Verifica-se, todavia, que nem a lei ordinária, nem a norma constitucional proíbem a análise, por meio do *writ*, do valor intrínseco e extrínseco da coisa julgada, em que pese ao contido no art. 471, CPC.

O pressuposto hábil à invocação do remédio heróico é a existência de ilegalidade ou de abuso de poder que é ato de ilegalidade. Concordamos que o mandado de segurança não seria o meio próprio para o reexame do que restou decidido intrinsecamente. Temos também como correto que a ação rescisória seria o *remedium juris* hábil para sanar erronias de sentenças e de acórdãos provenientes de ilegalidades, posto que a injustiça do julgado não a sensibiliza. Entretanto, se o erro aflora claro do abuso de poder e se a ilegalidade cometida se apresenta como dano potencial iminente, não vemos como recusar o uso do *mandamus*, em face dos preceitos do art. 489, CPC. Pior do que violar o princípio da imutabilidade dos julgados, proferidos ao arrepio da lei, é implementar-se a ilegalidade por meio da execução, negando-se o uso da segurança. Como bem demonstra Ulderico Pires dos Santos, "a rejeição do *mandamus* será autêntica regressão jurídica, porque uma sentença prolatada com menosprezo das verdadeiras finalidades da lei e da Justiça, constitui a mais violenta forma de abuso de poder".

Em se cuidando de execução trabalhista, a presença do *writ* faz-se necessária com maior intensidade, já que os TRTs decidem em última instância (art. 896, § 4º, CLT), salvo se presente na discussão matéria constitucional (Lei n. 5.584/70, art. 2º, § 4º). Em não cabendo a revista, retira-se do TST a possibilidade de influenciar a jurisprudência, salvo em tema constitucional.

Se, de um lado, salutar é a regra processual, pois evita o uso de recursos, por vezes, procrastinatórios com prejuízo para o exequente e reflexos negativos para o próprio Judiciário, em certos casos, quando presentes de forma clara o abuso de poder e a ilegalidade, a falha há de ser suprida por meio do *writ*, pena de cometer-se mal maior.

Constata Coqueijo Costa (*Mandado de segurança e controle constitucional*. 2. ed. São Paulo: LTr, 1982. p. 64) que "medra no próprio TST uma corrente segundo a qual cabe mandado de segurança 'em defesa da coisa julgada'. Encabeçava-a o Min. Raymundo Moura (Nota: corrente que, todavia, não prosperou). Acontece amiúde nos mandados em ação de execução, na qual os TRTs decidem irrecorrivelmente em agravo de petição (CLT, art. 896, § 4º), o que torna impossível a unificação da jurisprudência, em execução, pelo TST".

Ainda segundo o autor temos que: "A propósito, o douto Ministro Marco Aurélio de Farias Mello, em um de seus brilhantes acórdãos, quando juiz no 1º TRT, sustentou que a 'Súmula n. 33 do colendo TST não alcança despachos em execução, confirmados ou reformados pelos Tribunais Regionais em julgamento de agravo'. Pôs em destaque que o agravo de petição fora interposto na fase de liquidação, que não é propriamente execução, para se sujeitar aos rigores do art. 896, § 4º, CLT, que risca a revista da ação de execução e cuja sentença de liquidação não goza de imutabilidade. Ademais, inexistindo coisa julgada na execução, a ação de segurança visava à defesa da coisa julgada, extrapolada, nos seus lindes, na execução da sentença condenatória (ação de pedir segurança, julgada no dia 13.12.79, tendo sido o mandado agasalhado por voto de desempate — Ac. 1º TRT, 508/79). É inviável mandado de segurança contra julgado do STF (MS 19.930, RTJ 61/308), mas ele é oportuno contra despacho de relator no Pretório Excelso (MS 20.056, RTJ 78/422). Até contra medida liminar em ação popular pode ser usado o *writ* (RE 80.057, RTJ 76/868)". Tendo em conta a irrecorribilidade de liminares cautelares em sede trabalhista, o uso do *mandamus* se faz com maior intensidade. Cabe mandado de segurança para cassar liminar em ação civil pública (Orientação Jurisprudencial SDI-2 n. 58). Na Justiça comum, a parte pode demonstrar inconformismo pelo agravo de instrumento (art. 522, CPC).

1.14. Do fundamento legal e do fundamento jurídico

Ao interpor o mandado de segurança, deve a parte dar o fundamento jurídico e o fundamento legal do pedido. Ao contrário do que ocorre nas demais ações, não se aplicam aqui os princípios *da mihi factum dabo tibi jus* e *jura novit curia*. Não pode o julgador conceder a segurança alterando a fundamentação legal oferecida pela parte. A singularidade da ação assim determina. Nesse sentido, vêm julgando os nossos tribunais. Alerta Theotonio Negrão (*Código de Processo Civil*. 18. ed. São Paulo: RT, 1988. p. 677) que: "Em mandado de segurança, não cabe a concessão com alteração da fundamentação de direito que o embasar, sendo-lhe inaplicável o princípio *jura novit curia* (RTJ 63/784, 85/314; RJTJSP 45/317, 68/286). Nesse sentido, já decidiu o STF, no RE 87.613, SP, 1ª T., rel. Min. Bilac Pinto: 'Mandado de segurança. Seu deferimento, pelo acórdão, por fundamento não invocado na inicial e nem nas razões de apelação. Afronta ao princípio inscrito no art. 515, CPC' (RTJ 85/314)."

A petição inicial deverá indicar expressamente o fundamento jurídico e o fundamento legal que dão suporte ao mandado de segurança. No fundamento legal, indicará qual o artigo da lei ou da Constituição que está sendo arrostado ou, sendo o caso, o parágrafo, o inciso ou a alínea. Se o impetrante errar na indicação, certamente perderá a segurança, já que o juiz não poderá dar o fundamento que achar correto. Quanto à possibilidade de emendar a inicial para corrigir erros, a doutrina e a jurisprudência não caminham unânimes. A tendência é não oportunizar, dada a singularidade do *writ* que em nada se parece com a ação comum.

1.15. Do assistente

Não obstante a Lei n. 1.533/51 (revogado) (art. 19) faça referência apenas ao litisconsórcio ativo, o art. 54, CPC, autoriza a intervenção do assistente em processo de mandado de segurança ao equipará-lo ao litisconsorte. Neste sentido, o art. 50, parágrafo único, CPC, ao dispor que: "a assistência tem lugar em qualquer dos tipos de procedimento e em todos os graus da jurisdição; mas o assistente recebe o processo no estado em que se encontra." Neste sentido são as lições do insigne Wagner Giglio, quando Ministro substituto no TST (ROMS n. 234/75, Ac. 234/75, Ac. TP 774/78, 15.5.78, LTr 42/1.116).

Nota: A Lei n. 12.016/09 permite o litisconsorte ativo no art. 10, § 2º e o assistente no inciso II, do art. 7º (pessoa jurídica a qual pertença a autoridade coatora).

João Mendes dispunha que: "Assistente é aquele que intervém na instância para defender o seu direito, juntamente com o do autor, ou com o do réu (art. 123). Para ser admitida a intervenção do assistente, é preciso que ele alegue o interesse aparente que tem na causa, como se é fiador, sócio, condômino, vendedor da coisa demandada (art. 124). O assistente pode vir a juízo antes ou depois da sentença, mas recebe a causa no estado em que ela se acha, e deve alegar seu direito nos mesmos termos que competem àquele a quem assiste (art. 125). Não pode alegar incompetência, nem suspeição (art. 126)" (apud Frederico Marques, Manual de direito processual. São Paulo: Saraiva, 1974. v. I, p. 152).

1.16. Do advogado: exercício da profissão

O advogado é indispensável no processo comum estadual e federal, como regra. No processo do trabalho no qual as partes possuem o *jus postlandi*, a presença do advogado é indispensável nas ações e nos recursos dirigidos ao Tribunal Superior do Trabalho. Em se tratando de tribunal superior, a matéria discutida é de direito e jurisprudencial, não se concebendo que leigos possam manejar o procedimento. A presença do causídico no mandado de segurança, na ação civil pública, na ação rescisória, na ação anulatória é inarredável.

O causídico, ao receber a procuração do seu cliente para propor ação ou para defendê-lo em ação contra ele interposta, firma um contrato no qual se compromete a defender os interesses do seu cliente, envidando, para tanto, todos os seus esforços no sentido de bem desempenhar o seu mandato, sem fugir, todavia, das normas legais e princípios de ética e de moral. Se agir com dolo ou culpa poderá ser responsabilizado (art. 286, CC/02). V. Lei n. 8.906/94, art. 32.

Assim, se obstado de alguma maneira no exercício da profissão, deverá o advogado usar do remédio processual cabível para a espécie. Deve ser combativo, jamais agressivo. Como bem lembra Carlos Maximiliano (*Hermenêutica e aplicação do direito*. 8. ed. Rio de Janeiro: Freitas Bastos, 1965. p. 289) com respaldo em Anatole France (*Le Jardin d'Épicure*), "apaixonar-se não é argumento. O que impressiona é a abundância e solidez dos argumentos aliados à perfeita cortesia, linguagem ponderada e modéstia habitual".

O egrégio TST já decidiu (ROMS n. 223/72, Ac. TP 1.315/73, rel. Min. Rudor Blumm, LTr 38/850) que: "Cabe *mandamus* para a proteção do livre exercício da profissão do advogado, quando o mesmo é obstado na prática de atos inerentes ao *jus postulandi*. Juiz que impede ao causídico a elaboração de defesa, que constitui prerrogativa profissional e que não permita constar da ata os requerimentos e protestos formulados, comete, não apenas lesão de direito processual, que deve ser objeto de correição ou de recurso específico, mas, também, e principalmente, violação de direito.

1.17. Do princípio da legalidade

A injustiça praticada, se não vier acompanhada de ilegalidade, não respalda segurança. O juiz é intérprete da lei. Não é legislador. As leis injustas hão de ser revogadas pelo Poder Legislativo, legítimo representante do povo. Lembra Jeremias Bentham que: "Nunca é a própria lei que está em desacordo com a razão; é sempre algum malvado intérprete da lei que o corrompeu e dela abusou." A afirmação do eminente Filósofo é relativa. O despreparo de parte considerável dos legisladores atuais, mormente no Brasil, é fato incontroverso. Muitas vezes, as leis se ressentem de correta terminologia jurídica impondo confusões interpretativas. O writ se sensibiliza com ilegalidade cometida por autoridade pública que imponham prejuízo a terceiro ou tenham um potencial para impô-lo com difícil ou impossível reparação.

1.18. Do recurso sem efeito suspensivo

Embora preceitue a Lei n. 12.016/09, art. 5º, que não cabe segurança de ato do qual caiba recurso administrativo com efeito suspensivo, independente de caução (I), de decisão judicial da qual caiba recurso com efeito suspensivo (II), de decisão judicial transitada em julgado (III), a jurisprudência vem humanizando e amenizando o rigor do dispositivo legal e permitindo a interposição da segurança, não para discutir, evidentemente, o *meritum causae,* que será apreciado por meio de recurso próprio já interposto, mas para determinar a sustação do cumprimento imediato da decisão. Vale dizer, por meio da segurança, em face do perigo iminente de prejuízo irreparável, é concedido o efeito suspensivo ao recurso. O *writ* complementa o recurso, mas não o substitui. Também não poderá ter cabimento se o recurso não foi tempestivamente interposto. Ver Súmulas n. 33 e 397 do TST e 268 do STF.

O Tribunal de Alçada do Estado do Paraná decidiu (TAPR, Grupo de Câmaras Cíveis, MS n. 58/87, Arapongas, rel. Juiz Pacheco Rocha, 19.11.87): "MANDADO DE SEGURANÇA. ATO JUDICIAL. RELEVO DA IMPETRAÇÃO. INTERPOSIÇÃO DE RECURSO ORDINÁRIO. CONHECIMENTO. Cabe mandado de segurança do já interposto recurso desprovido de eficácia suspensiva, quando presente a relevância da impetração, denunciadora da existência de direito líquido e certo, ferido pelo ato objurgado, que lhe acarreta dano de vulto."

Adroaldo Furtado Fabrício (*Comentários ao Código de Processo Civil*. Rio de Janeiro: Forense, v. VIII, tomo III, p. 559) no v. acórdão, preleciona que: "A orientação mais razoável em tal assunto, e que tem sido prestigiada cada vez mais pelos tribunais, é a que admite a ação de mandado com caráter complementar e não substituto do recurso adequado: acolhe-se o pedido de segurança e a concede para o efeito de sustar o cumprimento imediato da decisão, até o julgamento do agravo, desde que este haja sido interposto. Se o recurso não foi tempestivamente manifestado, a preclusão processual impede o reexame da matéria, inclusive por via do *mandamus*, pois de outro modo, haveria de subverter por completo o sistema de preclusões sucessivas, sem o qual o processo se tornaria caótico e infindável. Em suma, a admissibilidade do mandado de segurança contra o ato judicial agravável supõe que o recurso tenha sido interposto e que o objeto do *writ* seja de suspensão da imediata efetivação da decisão atacada, e não o conteúdo mesmo desta, cujo reexame há de fazer apenas no julgamento do agravo." Neste sentido, *vide* STF (RTJ 70/504).

1.19. Da prova

A petição, nos termos dos arts. 282 e 283, CPC, deverá, desde logo, vir instruída com os documentos que se fazem necessários à prova do alegado (art. 6º, Lei n. 12.016/09). O direito líquido e certo a ensejar o *writ* não admite vacilações, posto que inexiste instrução probatória. Prevê o art. 6º, § 1º, o caso em que o documento necessário à prova do alegado se encontre em repartição, ou em estabelecimento público, ou em poder de autoridade que se recuse a fornecê-lo por certidão. Neste caso, será ordenada a exibição nos termos do art. 355, CPC.

Os fatos, para serem tidos como certos e incontroversos, devem ser provados, desde logo, por via documental, com a impetração. A prova é pré-constituída, pois não há instrução probatória. É pressuposto processual que, inocorrente, leva ao descabimento do *writ*. Só na execução, e em casos especiais, são permitidos outros meios de prova (entrada no país de bens ou mercadorias, Lei n. 2.770, de 4.5.56).

Lembra Hely Lopes Meirelles (*Mandado de segurança e ação popular*. São Paulo: RT, 1968. p. 4-5) que: "Direito líquido e certo é o que se apresenta manifesto na sua existência, delimitado na sua extensão e apto a ser exercitado no momento da impetração. Por outras palavras, o direito invocado, para ser amparável por mandado de segurança, há de vir expresso em norma legal e trazer em si todos os requisitos e condições de sua aplicação ao impetrante. Se a sua existência for duvidosa; se a sua extensão ainda não estiver determinada; se o seu exercício depender de situações de fatos não esclarecidos nos autos, não rende ensejo a segurança, embora possa ser defendido por outros meios judiciais.

Em última análise, direito líquido e certo é direito comprovado de plano. Se depender de comprovação, posterior, não é líquido nem certo, para fins de segurança. Evidentemente, o conceito de liquidez e certeza adotado pelo legislador do mandado de segurança não é o mesmo do legislador civil (CC, art. 1.533). É um conceito impróprio — e mal expresso — alusivo à precisão e comprovação do direito, quando deveria aludir à precisão e comprovação dos fatos e situações que ensejam o exercício desse direito". Já decidiu o STF (Ac. no MS n. 115.215, T. Pleno, rel. Min. A. M. Vilas Boas, RF 219/58 a 73) que "se a controvérsia se estabelece sobre fatos, provas ou presunções (ainda que à luz de conceitos doutrinários), a complexidade da indagação não se coaduna com a índole do mandado de segurança, que pressupõe uma situação jurídica esteada em documentos de valor incontestável, e não uma pretensão jurídica dependente de demonstração ou depuração processuais". Orientação Jurisprudencial, SDI-2 do TST dispõe que: "Exigindo o mandado de segurança prova documental pré-constituída, inaplicável se torna o art. 284 do CPC quando verificado na petição inicial do *mandamus* a ausência de documento indispensável ou sua autenticação."

1.20. Mandado de segurança coletivo e a previsão constitucional

Comanda o art. 5º da Constituição de 1988 que: "Todos são iguais perante a lei, sem distinção de qualquer natureza, garantindo-se aos brasileiros e aos estrangeiros residentes no País a inviolabilidade do direito à vida, à liberdade, à igualdade, à segurança e à propriedade, nos termos seguintes:

> LXIX — conceder-se-á mandado de segurança para proteger direito líquido e certo, não amparado por *habeas corpus* ou *habeas data*, quando o responsável pela ilegalidade ou abuso de poder for autoridade pública ou agente de pessoa jurídica no exercício de atribuições do Poder Público;
>
> LXX — o mandado de segurança coletivo pode ser impetrado por:
>
> a) partido político com representação no Congresso Nacional;
>
> b) organização sindical, entidade de classe ou associação legalmente constituída e em funcionamento há pelo menos um ano, em defesa dos interesses de seus membros ou associados.

1.21. Do mandado de segurança coletivo — legitimação

Dos partidos políticos (art. 5º, LXX, *a*, CF). Tem legitimação para titular o mandado de segurança coletivo, o partido político com representação no Congresso Nacional. Embora *prima facie* possa parecer que o interesse do partido político esteja fulcrado no âmbito partidário, assim não é, já que a lei nenhuma restrição fez para a espécie. Vale dizer, em existindo ofensa ou ameaça a direitos ligados à coletividade, o partido político terá legitimidade para o *writ*. Dispõe o art. 17, § 2º, da Constituição Federal que "os partidos políticos, após adquirirem personalidade jurídica, na forma da lei civil, registrarão seus estatutos no Tribunal Superior Eleitoral". Quer isso dizer que a representação para a espécie coletiva será daqueles designados em estatuto.

A nova Lei de Segurança (art. 21) restringe o manejo da segurança para o partido político " na defesa de seus interesses legítimos relativos a seus integrantes ou à finalidade partidária."

Dos sindicatos (art. 5º, LXX, *b*, CF).

Como organização sindical, entenda-se: os sindicatos, as federações e as confederações.

Temos aqui um caso típico de substituição processual de que fala Chiovenda ou substituição extraordinária ou anômala de que fala a doutrina.

Procurou o legislador precaver-se contra sindicalistas de plantão e exigiu que a organização sindical esteja funcionando há pelo menos um ano, em defesa dos interesses de seus membros ou associados. A ausência desse requisito deságua na ilegitimidade e terá por consequência o indeferimento da petição inicial. Assim, deverá o órgão sindical comprovar com a petição inicial essa sua qualidade e que se traduz num dos pressupostos de admissibilidade. Exigência também imposta às associações (art. 5º, XXI).

1.22. Dos interesses coletivos

Para a defesa dos interesses coletivos, estão legitimadas, também, a organizações sindicais (sindicato, federação e confederação), entidades de classe, associações para a "defesa dos interesses dos seus membros ou associados".

O substituto processual em casos tais tem por finalidade a proteção de direitos individuais no âmbito coletivo (individuais homogêneos). Vale dizer que o interesse há de se revelar nos próprios fins perseguidos pela organização sindical.

O substituto processual não tinha legitimidade para interpor o mandado de segurança coletivo em se tratando de direitos individuais relacionados com um ou mais membros determinados, pois o interesse de que fala o legislador se alça ao plano coletivo. No plano individual, poderia agir como representante, não substituto, salvo exceções legais, de membros determinados.

Todavia, o Supremo Tribunal decidiu que o sindicato, na qualidade de substituto processual, atua plenamente, tanto no plano coletivo, individual homogêneo, quanto no plano meramente individual. Remetemos aos comentários específicos dos arts. 21 e 22.

1.23. Dos interesses difusos

O conceito de "interesses difusos" ainda está muito longe de ser tranquilizado. Ada Pellegrini Grinover (*As ações coletivas para a tutela do meio ambiente e dos consumidores*. Porto Alegre: Ajuris, p. 36-8 e 9) chama a atenção para a diferença que separa os interesses coletivos e os interesses difusos: "Embora considerando ambos meta-individuais, não referíveis a um determinado titular, a doutrina designa como 'coletivos' aqueles interesses comuns a uma coletividade de pessoas e a elas somente, quando exista um vínculo jurídico entre os componentes do grupo: a sociedade mercantil, o condomínio, a família, os entes profissionais, o próprio sindicato dão margem ao surgir de interesses comuns nascidos em função de uma relação, base que une os membros das respectivas comunidades e que, não se confundindo com os interesses estritamente individuais de cada sujeito, permite sua identificação. Por interesses propriamente difusos entendem-se aqueles que, não se fundando em um vínculo jurídico, baseiam-se sobre dados de fatos genéricos e contingentes, acidentais e mutáveis: como habitar a mesma região, consumir iguais produtos, viver em determinadas circunstâncias socioeconômicas, submeter-se a particulares empreendimentos."

Celso Agrícola Barbi (*Mandado de segurança na Constituição de 1988*, item 9: Os novos interesses difusos, coletânea coordenada por Sálvio de Figueiredo Teixeira. São Paulo: Saraiva, 1990. p. 71) concorda que impossível a definição de "interesses difusos" na fase de imprecisão em que se encontram. Diz o autor que: "A economia de massa, que caracteriza os tempos atuais, trouxe novos problemas, como o dos danos causados a milhares de consumidores por pequenos defeitos nos produtos; o da fraude publicitária; o da adulteração de alimentos; o da poluição do ar, das águas, do solo pelas indústrias; o da destruição de belezas naturais ou de objetos de valor histórico ou artístico pelas indústrias, ou pelo crescimento das cidades. Esses valores econômicos, históricos ou estéticos passaram a ser considerados como interesses dos cidadãos, merecedores de direitos coletivos" etc.

Barbosa Moreira (A legitimação para a defesa dos interesses difusos no direito brasileiro. *Revista Ajuris*, Porto Alegre, p. 32-82) caracteriza os "interesses difusos" no que diz respeito às pessoas e ao seu objeto:

> a) Não pertencem a uma pessoa isolada, nem a um grupo nitidamente delimitado de pessoas (ao contrário do que se dá em situações clássicas como a do condomínio ou a pluralidade de credores numa única obrigação), mas a uma série "indeterminada" — e, ao menos para efeitos práticos, de difícil ou impossível determinação — cujos membros não se ligam necessariamente por vínculo jurídico definido. Pode tratar-se, por exemplo, dos habitantes de determinada região, dos consumidores de certo produto, das pessoas que vivem sob tais ou quais condições socioeconômicas ou se sujeitem às consequências deste ou daquele empreendimento público ou privado. b) Referem-se a um bem (*latissimo sensu*) "indivisível",

no sentido de insuscetível de divisão (mesmo ideal) em "quotas" atribuíveis individualmente a cada um dos interessados. Estes se põem numa espécie de comunhão tipificada pelo fato de que a satisfação de um só implica por força a satisfação de todos proteção, assim como a lesão de um só constitui, *ipso facto*, lesão da inteira coletividade.

Tem-se, pois, que os "interesses difusos" vistos sob a ótica das pessoas atingidas, de certa forma, são também "interesses coletivos". Todavia, a impossibilidade de fracionamento do "interesse difuso", *v. g.*, a poluição, torna indeterminados os seus sujeitos. Entretanto, se a poluição for localizada (*v. g.*, fábrica de sabão que polui determinado bairro), o interesse será coletivo, já que determinados são os sujeitos (moradores daquele bairro). Neste caso, cabível o mandado de segurança coletivo pela associação de bairro.

Temos, para nós, que a indeterminação dos sujeitos dos "interesses difusos" não constitui obstáculo a que se use do mandado de segurança coletivo. Em tais casos, parece-nos, somente os partidos políticos estariam legitimados a propô-lo, dado o maior âmbito que a Constituição reservou-lhes e que, em muitos casos, poderão coincidir com o interesse coletivo. Suponha-se no exemplo retro que a fábrica de sabão polua vários bairros. Em vez de cada associação de bairro propor o mandado de segurança coletivo, com o risco de julgamentos divergentes, pode o partido político propor um único mandado de segurança coletivo. Um outro exemplo que nos ocorre seria a cobrança de pedágio na Marginal Tietê. O âmbito de intervenção destinado ao partido político é muito mais abrangente, podendo defender "interesses coletivos" e "interesses difusos". Quanto aos "interesses difusos", a doutrina ainda é incipiente e a jurisprudência ainda não se pronunciou.

1.24. Da autoridade pública ou agente nas vestes de empregador

A autoridade pública, ao contratar empregado, abdica do seu poder de império e, do seu relacionamento, passa a ser o contratual de empregado e empregador. Não de autoridade e cidadão. Com a vinculação em contrato, deixa de existir a autoridade no sentido que lhe empresta a lei. Em tais casos, o mandado de segurança coletivo resta obstado pela ausência da autoridade ou agente público, restando em seu lugar o empregador. Assim, por exemplo, o não pagamento da URP não poderia ser pleiteado por meio de mandado de segurança coletivo, mas mediante ações cautelares ou simples reclamatórias, aconselhando, inclusive, o uso das ações plúrimas, evitando-se decisões divergentes.

1.25. Da competência trabalhista

Antes do advento da EC n. 45/04 a competência trabalhista para o mandado de segurança estava restrita à competência originária dos Regionais e do TST, tendo como suporte atos administrativos e jurisdicionais de suas próprias autoridades. Depois da EC n. 45/04 e com o alargamento do núcleo do art. 114 da Constituição, por determinação expressa do inciso IV, o primeiro grau de jurisdição passou a ter competência para conhecer e julgar mandado de segurança. Isso, todavia, não modifica o entendimento doutrinário e jurisprudencial de que a autoridade pública nas vestes de empregador perde a sua potestade e não poderá compor o polo ativo ou passivo sobre tema trabalhista, mesmo porque, o mandado de segurança tem como suporte o Direito Público e não o Direito Privado. Embora o inciso indicado pelo art. 114, CF, seja genérico, aí está incluído o mandado de segurança coletivo. Com a competência de primeiro grau, haverá uma adequação no procedimento recursal. O recurso ordinário da decisão primária será da competência da Seção de Dissídios Individuais ou do Grupo de Turmas, conforme a estrutura do Regional. Da decisão originária do Regional tem cabimento o recurso ordinário para o TST.

1.26. Das providências que antecedem a impetração da segurança

Antes de impetrar o mandado de segurança, o advogado deve proceder a um estudo minucioso sobre as exigências legais e formais.

Primeiro — Deve verificar se o ato é de autoridade ou de equiparados, pessoas jurídicas ou naturais (art. 6º, § 3º). Somente o ato de autoridade pode ser objeto de segurança, isto é, o tema deve estar contido no âmbito de Direito Público.

Segundo — Confirmado ser ato de autoridade, verificará se realmente o ato é ilegal. Para tanto, deverá localizar quais os preceitos legais que o ato contraria.

Terceiro — Confirmado ser ato de autoridade e ilegal, deve verificar qual o prejuízo causado ou que poderá causar ao impetrante (MS suspensivo ou preventivo). Se o ato for de autoridade e ilegal, mas não causar prejuízo imediato ou futuro ao impetrante, não haverá suporte para o manejo da segurança. Faltará uma das condições da ação (interesse processual).

Quarto — Deverá verificar qual a origem do ato dito ilegal: se federal, estadual ou municipal. Ater-se ao comando do art. 2º da LMS, pois a autoridade poderá ser estadual ou municipal e a responsabilidade poderá ser da União, ou de entidades por ela controlada.

Quinto — Verificará, dentro desse quadro, qual a autoridade que tem poderes para desfazer o ato. Como regra, não é a pessoa jurídica superior da autoridade, nem o simples executor. Ater-se ao art. 2º da LMS.

Sexto — A competência jurisdicional está diretamente ligada ao nível que a autoridade coatora ocupa na pirâmide hierárquica no âmbito federal, estadual ou municipal. A competência se firma em razão da pessoa.

Sétimo — Da petição inicial: de posse de todos esses elementos, o advogado poderá elaborar a petição inicial que deverá preencher os requisitos da lei processual:

a) Da parte formal — Seguem-se as regras do Código de Processo Civil, com o nome do impetrante e do impetrado e da pessoa jurídica à qual pertence a impetrada (art. 6º) e respectivas qualificações, com endereços completos etc.

b) Da fundamentação — Indicará o fundamento jurídico e o fundamento legal. Neste, indicará expressamente qual o artigo da lei ou da Constituição que está sendo desobedecido ou, conforme o caso, o parágrafo, o inciso ou a alínea do referido artigo. Essa indicação deverá ser correta, pois a possibilidade de concessão de oportunidade para correção é incerta e ao juiz é defeso aplicar o princípio *jura novit curia*.

c) Das alegações — As alegações devem ser produzidas de forma clara e inteligível. A redação deve ser objetiva, produzida, de preferência, na ordem direta; preferir o emprego do verbo no infinitivo, evitar o excessivo uso de elementos de ligação (que, se, quando) e as construções gerundivas. O uso da ordem indireta, sem o domínio da pontuação (vírgula, ponto e vírgula, dois pontos) pode transmitir mensagem diversa daquela que se quer.

d) Requerer a notificação do órgão de representação judicial da pessoa jurídica interessada à qual pertence a autoridade dita coatora.

e) Do litisconsorte necessário — Indicar pessoa a quem o ato poderá prejudicar para integrar o polo passivo na qualidade de litisconsorte necessário, sob pena de nulidade da decisão que vier a ser proferida.

f) A petição inicial será distribuída em duas vias: original e cópia; na original, serão juntados os documentos originais ou autenticados; na cópia, serão juntadas cópias dos documentos, sem necessidade de autenticação.

g) Da prova — Toda prova é pré-constituída. Não há a possibilidade de instrução probatória ou da juntada de documentos posteriores à impetração; a única exceção está prevista no art. 6º, § 1º da Lei (documento que se encontra em repartição ou estabelecimento público). Nesse caso, deve o impetrante provar que o documento foi requerido e não foi expedido, com a juntada de cópia do requerimento devidamente protocolado.

h) Do pedido de liminar — Em sendo o caso, deve o impetrante requerer a concessão de medida liminar. Embora possa o juiz conceder liminar de ofício (inciso III, art. 7º), nem todos o fazem.

i) Deve sempre indicar o valor da causa. Este deve refletir aquilo que economicamente se pleiteia.

j) Da extinção sem resolução do mérito — O impetrante poderá renovar a segurança corrigindo as falhas, dentro do prazo de 120 dias (art. 19).

k) Se a segurança não for concedida, por ausência ou por insuficiência de prova, a decisão não transitará em julgado materialmente e a impetrante poderá discutir a matéria por meio de ação ordinária, onde terá possibilidade probatória.

l) Do terceiro — o terceiro atingido pelo ato poderá impetrar segurança a favor do direito originário, caso o seu titular não o faça. Terá 30 dias para fazê-lo, quando notificado judicialmente (art. 3º).

m) Da concessão ou não de liminar em primeiro grau tem cabimento agravo de instrumento (art. 7º, § 1º); da concessão ou não em segundo grau, cabe agravo regimental (art. 16, parágrafo único).

n) Da perempção — Dá-se quando o impetrante cria obstáculo ao normal andamento do processo ou deixar de promover atos e diligências que lhe cumpre no prazo de 3 dias (art. 8º).

1.27. Da jurisprudência: civil e trabalhista

Súmulas do STF

101 — O mandado de segurança não substitui a ação popular.

248 — É competente, originariamente, o Supremo Tribunal Federal, para mandado de segurança contra ato do Tribunal de Contas da União.

266 — Não cabe mandado de segurança contra lei em tese.

267 — Não cabe mandado de segurança contra ato judicial passível de recurso ou correição.

268 — Não cabe mandado de segurança contra decisão judicial com trânsito em julgado.

269 — O mandado de segurança não é substitutivo de ação de cobrança.

270 — Não cabe mandado de segurança para impugnar enquadramento da Lei n. 3.780, de 12 de julho de 1960, que envolva exame de prova ou de situação funcional complexa.

271 — Concessão de mandado de segurança não produz efeitos patrimoniais, em relação a período pretérito, os quais devem ser reclamados administrativamente ou pela via judicial própria.

272 — Não se admite como ordinário recurso extraordinário de decisão denegatória de mandado de segurança

294 — São inadmissíveis embargos infringentes contra decisão do Supremo Tribunal Federal em mandado de segurança.

299 — O recurso ordinário e o extraordinário interpostos no mesmo processo de mandado de segurança, ou de *habeas corpus*, serão julgados conjuntamente pelo Tribunal Pleno.

304 — Decisão denegatória de mandado de segurança, não fazendo coisa julgada contra o impetrante, não impede o uso da ação própria. Nota: esta súmula diz respeito à denegação da segurança por falta de prova.

319 — O prazo do recurso ordinário para o Supremo Tribunal Federal, em *habeas corpus* ou mandado de segurança, é de 5 (cinco) dias.

405 — Denegado o mandado de segurança pela sentença, ou no julgamento do agravo, dela interposto, fica sem efeito a liminar concedida, retroagindo os efeitos da decisão contrária.

429 — A existência de recurso administrativo com efeito suspensivo não impede o uso do mandado de segurança contra omissão da autoridade.

430 — Pedido de reconsideração na via administrativa não interrompe o prazo para o mandado de segurança.

433 — É competente o Tribunal Regional do Trabalho para julgar mandado de segurança contra ato de seu presidente em execução de sentença trabalhista.

474 — Não há direito líquido e certo, amparado pelo mandado de segurança, quando se escuda em lei cujos efeitos foram anulados por outra, declarada constitucional pelo Supremo Tribunal Federal.

506 — O agravo a que se refere o art. 4º, da Lei n. 4.348, de 26.6.64, cabe, somente, do despacho do presidente do Supremo Tribunal Federal que defere a suspensão da liminar, em mandado de segurança, não do que a denega.

Súmula revogada (v. Suspensão de Segurança n. 1.945/AL, DJU 1º.8.03).

510 — Praticado o ato por autoridade, no exercício de competência delegada, contra ela cabe o mandado de segurança ou a medida judicial.

512 — Não cabe condenação em honorários de advogado na ação de mandado de segurança.

597 — Não cabem embargos infringentes de acórdão que, em mandado de segurança, decidiu, por maioria de votos, a apelação.

623 — Não gera por si só a competência originária do Supremo Tribunal Federal para conhecer do mandado de segurança com base no art. 102, I, *n*, da Constituição, dirigir-se o pedido contra deliberação administrativa do tribunal de origem, da qual haja participado a maioria ou a totalidade de seus membros.

624 — Não compete ao Supremo Tribunal Federal conhecer originariamente de mandado de segurança contra atos de outros tribunais.

625 — Controvérsia sobre matéria de direito não impede concessão de mandado de segurança.

626 — A suspensão da liminar em mandado de segurança, salvo determinação em contrário da decisão que a deferir, vigorará até o trânsito em julgado da decisão definitiva de concessão da segurança ou, havendo recurso, até a sua manutenção pelo Supremo Tribunal Federal, desde que o objeto da liminar deferida coincida, total ou parcialmente, com o da impetração.

627 — No mandado de segurança contra a nomeação de magistrado da competência do Presidente da República, este é considerado autoridade coatora, ainda que o fundamento da impetração seja nulidade ocorrida em fase anterior do procedimento.

629 — A impetração de mandado de segurança coletivo por entidade de classe em favor dos associados independe da autorização destes.

630 — A entidade de classe tem legitimação para o mandado de segurança ainda quando a pretensão veiculada interesse apenas a uma parte da respectiva categoria.

631 — Extingue-se o processo de mandado de segurança se o impetrante não promove, no prazo assinado, a citação do litisconsorte passivo necessário.

632 — É constitucional lei que fixa o prazo de decadência para a impetração de mandado de segurança.

Súmulas do STJ

41 — O Superior Tribunal de Justiça não tem competência para processar e julgar, originariamente, mandado de segurança contra ato de outros ou dos respectivos órgãos.

105 — Na ação de mandado de segurança não se admite condenação em honorários advocatícios.

169 — São inadmissíveis embargos infringentes no processo de mandado de segurança.

177 — O STJ é incompetente para processar e julgar, originariamente, mandado de segurança contra ato de órgão colegiado presidido por Ministro de Estado.

217 — Não cabe agravo de decisão que indefere o pedido de suspensão da execução da liminar, ou da sentença em mandado de segurança.

Súmulas do TST

33 — Mandado de segurança. Decisão judicial transitada em julgado.

Não cabe mandado de segurança de decisão judicial transitada em julgado.

201 — Recurso ordinário em mandado de segurança. Revisão da Súmula n. 154.

Da decisão de Tribunal Regional do Trabalho em mandado de segurança cabe recurso ordinário, no prazo de 8 (oito) dias, para o Tribunal Superior do Trabalho, e igual dilação para o recorrido e interessados apresentarem razões de contrariedade.

Orientação Jurisprudencial do Pleno do TST

4 — Mandado de segurança. Decisão de TRT. Incompetência originária do Tribunal Superior do Trabalho. Ao Tribunal Superior do Trabalho não compete apreciar, originariamente, mandado de segurança impetrado em face de decisão de TRT.

Orientações Jurisprudenciais da SDI-1 do TST

10 — Alçada. Mandado de Segurança. Não se aplica a alçada em mandado de segurança. (Convertida na Súmula n. 365.)

29 — Custas. Mandado de segurança. Recurso ordinário. Exigência do pagamento. (Convertida na Orientação Jurisprudencial n. 148, SDI-2.)

72 — Remessa *ex officio*. Mandado de segurança concedido. Impetrante e terceiro interessado pessoas de direito privado. Incabível, ressalvadas as hipóteses de matéria administrativa, de competência do órgão especial. (Cancelada em decorrência da nova redação da Súmula n. 303.)

73 — Remessa *ex officio*. Mandado de segurança. Incabível. Decisões proferidas pelo TRT e favoráveis ao impetrante ente público. Inaplicabilidade do art. 12 da Lei n. 1.533/51. (Cancelada em decorrência da nova redação conferida à Súmula n. 303.)

Orientações Jurisprudenciais da SDI-2

53 — Mandado de segurança. Cooperativa em liquidação extrajudicial. Lei n. 5.764/71, art. 76. Inaplicável. Não suspende a execução. A liquidação extrajudicial de sociedade cooperativa não suspende a execução dos créditos trabalhistas existentes contra ela.

54 — Mandado de segurança. Embargos de terceiro. Cumulação. Penhora. Incabível. Ajuizados embargos de terceiro (art. 1.046 do CPC) para pleitear a desconstituição da penhora, incabível a interposição de mandado de segurança com a mesma finalidade.

55 — Mandado de segurança. Execução. Lei n. 8.432/92. Art. 897, § 1º, da CLT. Cabimento. Devendo o agravo de petição delimitar justificadamente a matéria e os valores objeto de discordância, não fere direito líquido e certo o prosseguimento da execução quanto aos tópicos e valores não especificados no agravo.

56 — Mandado de segurança. Execução. Pendência de recurso extraordinário. Não há direito líquido e certo à execução definitiva na pendência de recurso extraordinário, ou de agravo de instrumento visando a destrancá-lo.

57 — Mandado de segurança. INSS. Tempo de serviço. Averbação e/ou reconhecimento. Conceder-se-á mandado de segurança para impugnar ato que determina ao INSS o reconhecimento e/ou averbação de tempo de serviço.

58 — Mandado de segurança para cassar liminar concedida em ação civil pública. Cabível. É cabível o mandado de segurança visando a cassar liminar concedida em ação civil pública.

59 — Mandado de segurança. Penhora. Carta de fiança bancária. A carta de fiança bancária equivale a dinheiro para efeito da gradação dos bens penhoráveis, estabelecida no art. 655 do CPC.

60 — Mandado de segurança. Penhora em dinheiro. Banco. Não fere direito líquido e certo do impetrante o ato judicial que determina penhora em dinheiro de banco, em execução definitiva, para garantir crédito exequendo, uma vez que obedece à gradação prevista no art. 655 do CPC.

61 — Mandado de segurança. Penhora em dinheiro. Execução definitiva. Depósito em banco oficial no Estado. Arts. 612 e 666 do CPC. Havendo discordância do credor, em execução definitiva, não tem o executado direito líquido e certo a que os valores penhorados em dinheiro fiquem depositados no próprio banco, ainda que atenda aos requisitos do art. 666, I, do CPC.

62 — Mandado de segurança. Penhora em dinheiro. Execução provisória. Em se tratando de execução provisória, fere direito líquido e certo do impetrante a determinação de penhora em dinheiro, quando nomeados outros bens à penhora, pois o executado tem direito a que a execução se processe da forma que lhe seja menos gravosa, nos termos do art. 620 do CPC.

63 — Mandado de segurança. Reintegração. Ação cautelar. Comporta a impetração de mandado de segurança o deferimento de reintegração no emprego em ação cautelar.

64 — Mandado de segurança. Reintegração liminarmente concedida. Não fere direito líquido e certo a concessão de tutela antecipada para reintegração de empregado protegido por estabilidade provisória decorrente de lei ou norma coletiva.

65 — Mandado de segurança. Reintegração liminarmente concedida. Dirigente sindical. Ressalvada a hipótese do art. 494 da CLT, não fere direito líquido e certo a determinação liminar de reintegração no emprego de dirigente sindical, em face da previsão do inciso X do art. 659 da CLT.

66 — Mandado de segurança. Sentença homologatória de adjudicação. É incabível o mandado de segurança contra sentença homologatória de adjudicação, uma vez que existe meio próprio para impugnar o ato judicial, consistente nos embargos à adjudicação (CPC, art. 746).

67 — Mandado de segurança. Transferência. Art. 659, IX, da CLT. Não fere direito líquido e certo a concessão de liminar obstativa de transferência de empregado, em face da previsão do inciso IX do art. 659 da CLT.

69 — Fungibilidade recursal. Indeferimento liminar de ação rescisória ou mandado de segurança. Recurso para o TST. Recebimento como agravo regimental e devolução dos autos ao TRT. Recurso ordinário interposto contra despacho monocrático indeferitório da petição inicial de ação rescisória ou de mandado de segurança pode, pelo princípio de fungibilidade recursal, ser recebido como agravo regimental. Hipótese de não conhecimento do recurso pelo TST e devolução dos autos ao TRT, para que aprecie o apelo como agravo regimental.

86 — Mandado de segurança. Antecipação de tutela. Sentença superveniente. Perda de objeto. Perde objeto o mandado de segurança que impugna tutela antecipada pelo fato de haver sido proferida sentença de mérito nos autos originários.

87 — Mandado de segurança. Reintegração em execução provisória. Impossibilidade. O art. 899 da CLT, ao impedir a execução definitiva do título executório, enquanto pendente recurso, alcança tanto as execuções por obrigação de pagar quanto as por obrigação de fazer. Assim, tendo a obrigação de reintegrar caráter definitivo, somente pode ser decretada, liminarmente, nas hipóteses legalmente previstas, em sede de tutela antecipada ou tutela específica.

88 — Mandado de segurança. Valor da causa. Custas processuais. Cabimento. Incabível a impetração de mandado de segurança contra ato judicial que, de ofício, arbitrou novo valor à causa, acarretando a majoração das custas processuais, uma vez que cabia à parte, após recolher as custas, calculadas com base no valor dado à causa na inicial, interpor recurso ordinário e, posteriormente, agravo de instrumento no caso de o recurso ser considerado deserto.

91 — Mandado de segurança. Autenticação de cópias pelas secretarias dos Tribunais Regionais do Trabalho. Requerimento indeferido. Art. 789, § 9º, da CLT. Não sendo a parte beneficiária da assistência judiciária gratuita, inexiste direito líquido e certo à autenticação, pelas Secretarias dos Tribunais, de peças extraídas do processo principal, para formação do agravo de instrumento.

92 — Mandado de segurança. Existência de recurso próprio. Não cabe mandado de segurança contra decisão judicial passível de reforma mediante recurso próprio, ainda que com efeito diferido.

93 — Mandado de segurança. Possibilidade da penhora sobre parte da renda de estabelecimento comercial. É admissível a penhora sobre a renda mensal ou faturamento de empresa, limitada a determinado percentual, desde que não comprometa o desenvolvimento regular de suas atividades.

98 — Mandado de segurança. Cabível para atacar exigência de depósito prévio de honorários periciais. É ilegal a exigência de depósito prévio para custeio dos honorários periciais, dada a incompatibilidade com o processo do trabalho, sendo cabível o mandado de segurança visando à realização da perícia, independentemente do depósito.

99 — Mandado de segurança. Esgotamento de todas as vias processuais disponíveis. Trânsito em julgado formal. Descabimento. Esgotadas as vias recursais existentes, não cabe mandado de segurança.

100 — Recurso ordinário para o TST. Decisão de TRT proferida em agravo regimental contra liminar em ação cautelar ou em mandado de segurança. Incabível. Não cabe recurso ordinário para o TST de decisão proferida pelo Tribunal Regional do Trabalho em agravo regimental interposto contra despacho que concede ou não liminar em ação cautelar ou em mandado de segurança, uma vez que o processo ainda pende de decisão definitiva do Tribunal *a quo*.

113 — Ação cautelar. Efeito suspensivo ao recurso ordinário em mandado de segurança. Incabível. Ausência de interesse. Extinção. É incabível medida cautelar para imprimir efeito suspensivo a recurso interposto contra decisão proferida em mandado de segurança, pois ambos visam, em última análise, à sustação do ato atacado. Extingue-se, pois, o processo, sem julgamento do mérito, por ausência de interesse de agir, para evitar que decisões judiciais conflitantes e inconciliáveis passem a reger idêntica situação jurídica.

116 — Ação rescisória. Art. 485, IV, do CPC. Ação de cumprimento. Ofensa à coisa julgada emanada de sentença normativa modificada em grau de recurso. Inviabilidade. Não procede ação rescisória calcada em ofensa à coisa julgada perpetrada por decisão proferida em ação de cumprimento, em face de a sentença normativa, na qual se louvava, ter sido modificada em grau de recurso, porque em dissídio coletivo somente se consubstancia coisa julgada formal. Assim, os meios processuais, aptos a atacarem a execução da cláusula reformada, são a exceção da pré-executividade e o mandado de segurança, no caso de descumprimento do art. 572 do CPC.

120 — Mandado de segurança. Recusa à homologação de acordo. Inexistência de direito líquido e certo. Não comporta mandado de segurança a negativa de homologação de acordo, por inexistir direito líquido e certo à homologação, já que se trata de atividade jurisdicional alicerçada no livre convencimento do juiz.

127 — Mandado de segurança. Decadência. Contagem. Efetivo ato coator. Na contagem do prazo decadencial para ajuizamento de mandado de segurança, o efetivo ato coator é o primeiro em que se firmou a tese hostilizada e não aquele que a ratificou.

137 — Mandado de segurança. Dirigente sindical. Art. 494 da CLT. Aplicável. Constitui direito líquido e certo do empregador a suspensão do empregado, ainda que detentor de estabilidade sindical, até a decisão final do inquérito em que se apure a falta grave a ele imputada, na forma do art. 494, *caput* e parágrafo único, da CLT.

138 — Mandado de segurança. Incompetência da Justiça do Trabalho. Cobrança de honorários advocatícios. Contrato de natureza civil. A Justiça do Trabalho é incompetente para apreciar ação de cobrança de honorários advocatícios, pleiteada na forma do art. 24, §§ 1º e 2º, da Lei n. 8.906/94, em face da natureza civil do contrato de honorários.

139 — Mandado de segurança. Liminar em ação civil pública. Sentença de mérito superveniente. Perda de objeto. Perde objeto o mandado de segurança que impugna liminar em ação civil pública substituída por sentença de mérito superveniente.

140 — Mandado de segurança contra liminar, concedida ou denegada em outra segurança. Incabível (art. 8º da Lei n. 1.533/51). Não cabe mandado de segurança para impugnar despacho que acolheu ou indeferiu liminar em outro mandado de segurança.

141 — Mandado de segurança para conceder liminar denegada em ação cautelar. A concessão de liminar constitui faculdade do juiz, no uso de seu poder discricionário e de cautela, inexistindo direito líquido e certo tutelável pela via do mandado de segurança.

142 — Mandado de segurança. Reintegração liminarmente concedida. Inexiste direito líquido e certo a ser oposto contra ato de Juiz que, antecipando a tutela jurisdicional, determina a reintegração do empregado até a decisão final do processo, quando demonstrada a razoabilidade do direito subjetivo material, como nos casos de anistiado pela da Lei n. 8.878/94, aposentado, integrante de comissão de fábrica, dirigente sindical, portador de doença profissional, portador de vírus HIV ou detentor de estabilidade provisória prevista em norma coletiva.

144 — Mandado de segurança. Proibição de prática de atos futuros. Sentença genérica. Evento futuro. Incabível. O mandado de segurança não se presta à obtenção de uma sentença genérica, aplicável a eventos futuros, cuja ocorrência é incerta.

148 — Custas. Mandado de segurança. Recurso ordinário. Exigência do pagamento (conversão da Orientação Jurisprudencial n. 29 da SDI-1). É responsabilidade da parte, para interpor recurso ordinário em mandado de segurança, a comprovação do recolhimento das custas processuais no prazo recursal, sob pena de deserção (ex-OJ n. 29 — inserida em 20.9.00).

COMENTÁRIOS ANALÍTICOS DA LEI DO MANDADO DE SEGURANÇA

LEI N. 12.016, DE 7 DE AGOSTO DE 2009

Art. 1º

Art. 1º Conceder-se-á mandado de segurança para proteger direito líquido e certo, não amparado por *habeas corpus* ou *habeas data*, sempre que, ilegalmente ou com abuso de poder, qualquer pessoa física ou jurídica sofrer violação ou houver justo receio de sofrê-la por parte de autoridade, seja de que categoria for e sejam quais forem as funções que exerça.

Comentários

Este artigo corresponde ao artigo 1º da revogada Lei n. 1.533/1951, acrescentado o novel instituto do *habeas data*.

De conformidade com o comando constitucional inscrito no inciso LXIX, do art. 5º da Constituição de 5.10.1988: "Conceder-se-á mandado de segurança para proteger direito líquido e certo, não amparado por *habeas corpus* ou *habeas data*, quando o responsável pela ilegalidade ou abuso de poder for autoridade pública ou agente de pessoa jurídica no exercício de atribuições do Poder Público".

1. Do objeto

O mandado de segurança tem como pressuposto que o ato comissivo ou omissivo seja proveniente de autoridade pública de toda e qualquer categoria, sejam quais forem as suas funções. Vale dizer, de autoridade devidamente investida. O ato praticado deverá ser contrário à lei e, portanto, arbitrário ou com abuso de poder. Todavia, o ato praticado por autoridade de forma arbitrária e com abuso de poder deverá causar prejuízo ao impetrante ou houver justo receio de fazê-lo. Do que se conclui que o ato comissivo ou omissivo poderá ser contrário à lei, mas se não causar prejuízo ao impetrante, não oportunizará a impetração da segurança. Em se apresentando a hipótese, faltaria uma das condições da ação para a impetração: o legítimo interesse. Em suma: o mandado de segurança tem por escopo sanar ato de autoridade editado com ilegalidade e de forma ofensiva ao direito individual ou coletivo que causar prejuízo.

2. Do direito líquido e certo

Diz-se líquido e certo aquele direito sobre o qual não existe qualquer discussão. Ele já faz parte do patrimônio do impetrante. Para a doutrina de Themístocles Cavalcante, direito líquido e certo é o que se apresenta manifesto na sua existência, delimitado na sua extensão e apto a ser exercitado no momento da impetração (*Do mandado de segurança*. Rio de Janeiro: Freitas Bastos, 1966. p.83). Não se configura o direito líquido e certo se a sua existência for duvidosa, se a sua extensão não for conhecida ou se depender de esclarecimentos fáticos não postos nos autos. Se o direito perseguido depender de comprovação posterior não poderá ser considerado líquido, nem certo, nem exigível. A segurança não tem fase probatória. A prova é feita de plano e pré-constituída. Decidiu o STF: "Constitucional. Processual Civil. Mandado de segurança. Direito líquido e certo. Indeferimento inicial. Competência do relator. CF art. 5º LXIX, Lei n. 1.533/51, arts. 1º e 8º. Direito líquido e certo, que autoriza o ajuizamento do mandado de segurança, diz respeito aos fatos. Se estes estão comprovados, de plano, é possível o aforamento do *writ*. Segue-se, então, a fase de acertamento da relação fático-jurídica, na qual o juiz faz incidir a norma objetiva sobre os fatos. Se, dessa incidência, entender o juiz nascido direito subjetivo, decorrerá a segurança. O relator poderá indeferir a inicial, se os fatos que embasam o direito invocado são controvertidos; mas o acertamento da relação fático-jurídica é da Corte."

§ 1º

§ 1º Equiparam-se às autoridades, para os efeitos desta lei, os representantes ou órgãos de partidos políticos e os administradores de entidades autárquicas, bem como os dirigentes de pessoas jurídicas ou as pessoas naturais no exercício de atribuições do poder público, somente no que disser respeito a estas atribuições.

---------- **Comentários** ----------

3. Da substituição

Foi substituído o "Consideram-se" do § 1º, da Lei n. 1.533/51 por "Equiparam-se" com escopo ampliativo, somando-se no rol das autoridades "partidos políticos". O verbo equiparar, utilizado pelo legislador, dá um sentido ampliativo do rol de autoridades que poderão ser colocadas no polo passivo.

Foi substituída a locução "funções delegadas" por "exercício de atribuições do poder público". Também aqui, o escopo foi ampliativo. As autoridades não são, agora, apenas pessoas físicas ou jurídicas que exerçam "funções delegadas" e, sim, as que exerçam toda e qualquer função pública, aí incluída, naturalmente, as funções delegadas. Ver Súmula n. 419 do STF.

4. Do conceito de autoridade e de simples executor

A segurança deverá ser impetrada contra aquela autoridade que reúna poderes suficientes para neutralizar o ato impugnado. Adverte-se, não tem a dignidade coatora aquela pessoa (física ou jurídica) que é o simples executor do ato. A autoridade dita coatora está colocada num grau superior na pirâmide hierárquica e detém o poder de decisão. O simples executor não pode ser tido como coator do ponto de vista legal. A segurança deverá impetrada contra aquela autoridade que tem poderes decisórios. Nada impede que a autoridade coatora seja também a executora. Deverá ser analisado cada caso. No caso de juiz, é o prolator da sentença e também o executor. Suponha-se que a sentença de primeiro grau tenha sido provida pelo tribunal e de improcedente passou a ser procedente. Neste caso, a segurança será dirigida contra o juiz de primeiro grau que é o executor, embora a sentença condenatória seja proveniente do órgão *ad quem*. Será de bom alvitre que a liminar, quando concedida, seja comunicada à autoridade coatora e à executora. A demora da comunicação da coatora à executora poderá neutralizar a medida e determinar a perda de direito.

5. Da indicação correta da autoridade

O sucesso da impetração dependerá da indicação correta da autoridade indicada como coatora. A impetração deverá ser procedida de criterioso estudo do causídico para que não cometa erro na indicação da autoridade. As consequências de uma impetração mal formulada não serão nada agradáveis. A parte não terá oportunidade de corrigir a erronia. Como a competência em sede de segurança se dá em razão da autoridade, não poderá o juiz ou o relator remeter a segurança para outra autoridade, simplesmente pelo fato de no procedimento da segurança não admitir incidente de "conflito de competência". Nada impede que o juiz ou o relator, antes do arquivamento, dê oportunidade para que o impetrante faça o acerto. Isso ficará ao douto critério do juiz. Se determinar o arquivamento estará correto. Todavia, se na substituição da autoridade verificar-se que a competência é de outra jurisdição, o juiz terá de arquivar o processo e a parte poderá impetrar corretamente, se ainda houver prazo, pois a impetração errada não suspende o prazo. Repita-se: em sede de segurança não poderá admitir o incidente de "conflito de competência", pois a prestação jurisdicional deverá ser entregue rapidamente. O argumento de que a finalidade do processo é teórica e não prática (Wach), vale para as ações comuns, não evidentemente para o mando de segurança. Também a afirmação de que o processo deve ser de resultados, não de filigranas, também vale para as ações comuns.

5.1. Da autoridade pública ou agente nas vestes de empregador

A autoridade pública, quando contratar empregados, abdica do seu poder de império e o seu relacionamento passa a ser contratual de empregado e de empregador. Não de autoridade e de cidadão. Com a vinculação em contrato, deixa de existir a autoridade no sentido que lhe empresta a lei. A singularidade da estrutura funcional da Justiça do Trabalho impõe, também, tratamento diverso no que concerne à competência, à legitimidade de ente público figurar no polo passivo, bem assim ao âmbito em que se desenvolve a segurança. O ente público que participar de um contrato de trabalho perde a dignidade de autoridade para ombrear-se a qualquer empregador comum (art. 174, § 1º, CF). Cuida-se, pois, de contrato de trabalho regido pelo Direito Privado e em que o Poder Público perde a posição privilegiada de potestade. No âmbito do Direito Privado, há comando protetor dos arts. 9º, 10, 448 e 468 da CLT, em especial, além de outros, prevalecendo os princípios protetores do hipossuficiente. Do que resulta que, em sede trabalhista, não poderá uma pessoa de direito público participar do polo passivo de uma ação de segurança. Se a matéria não for trabalhista, a competência será da Justiça comum estadual ou federal.

Ademar Ferreira Maciel (In: RDP, 49) dispõe que: "se o órgão público não estiver atuando verticalmente, isto é, com preeminência na relação de Direito Material, seu ato não é passível de correção judicial via mandado de segurança. Não se trata de ato de autoridade. A administração numa relação empregatícia dispensa sem justa causa um empregado público; ou não lhe dá aumento salarial. Esses atos jurídicos todos feitos por agente público não devem (não podem) ser corrigidos por meio de mandado de segurança, vez que não são, no particular, atos de autoridade. O requisito em discussão ainda mais se reforça à luz da nova Constituição, que, para a concessão do *writ*, exige que o agente aja no exercício de atribuição do Poder Público".

"Não é o fato de ser identificado como autoridade que dá ensejo ao mandado de segurança. São os atos que ameaçam a violação ou violam, que devem ser de Direito Público (Pontes de Miranda). A simples participação do Estado em relação jurídica não se traduz em motivo bastante para afastar essa relação do campo do Direito Privado (Délio Maranhão). Ao firmar contrato de trabalho, a autoridade se afasta do campo de Direito Público para situar-se em área tipicamente de Direito Privado, assumindo a posição de empregador (Celso Agrícola Barbi). Nas vestes de empregador, o ente público perde a característica de autoridade nos moldes em que exige a lei, despido, pois, do *jus imperii*. Na Justiça do Trabalho somente os atos jurisdicionais ou judiciários dão ensejo à impetração do *writ*" (Proc. TST/SP 008/91-0. Rel. Juiz Francisco Antonio de Oliveira). Em sede trabalhista, também não tem aplicação o princípio da indisponibilidade (Orientação Jurisprudencial n. 152 — SDI-1). Dispõe a Súmula n. 510 do STF: "Praticado o ato por autoridade, no exercício de competência delegada, contra ela, cabe o mandado de segurança ou a medida judicial". Ver Súmulas n. 15, 16 e 60 do extinto Tribunal Federal de Recurso.

6. Dos requisitos da petição inicial

A impetração, além da correção no tocante à autoridade impetrada, deverá indicar o fundamento jurídico e o fundamento legal. Diferentemente das ações comuns que só exigem o fundamento jurídico (*da mi factum, dabo tibis jus*), em que a parte dará os fatos e o juiz dará o direito, o *writ* exige também o fundamento legal, posto que, ao juiz, não será permitido aplicar as regras do *jura novit curia*. O fundamento legal deverá ser indicado de forma especificada, *id est*, mencionando o artigo que foi arrostado pela autoridade ou, em sendo o caso, o parágrafo, o inciso ou a alínea. A ausência de fundamento legal de forma especificada terá como resultado imediato o indeferimento da petição inicial e a extinção do processo sem resolução do mérito. Do ponto de vista formal, a petição inicial obedecerá às exigências do processo comum (arts. 282/283).

7. Da pré-constituição da prova

No processo de segurança não existe instrução probatória. Os documentos deverão ser apresentados com o pedido inicial. A petição inicial será entregue em duas vias, com os documentos originais ou autenticados e cópias que deverão ser anexadas na segunda via, que será enviada para a autoridade. O não atendimento poderá determinar o arquivamento, ficando ao douto critério oportunizar que a parte sane a incorreção. O impetrado deverá carrear os documentos, em sendo o caso, com as "informações" que deverão ser prestadas.

§ 2º

§ 2º Não cabe mandado de segurança contra os atos de gestão comercial praticados pelos administradores de empresas públicas, de sociedade de economia mista e de concessionárias de serviço público.

Comentários
---

8. Da novidade

O tema ora trazido pela nova lei não fora objeto da lei anterior. O legislador procurou expungir qualquer dúvida que pudesse resultar contra atos de gestão comercial que venham a ser praticados por administradores de empresas públicas, de sociedade de economia mista e de concessionárias de serviço público, dizendo-o expressamente. A menção foi oportuna, posto que, sobre tais atos, já existe a possibilidade de todo e qualquer cidadão manejar da Ação Popular (Lei n. 4.717/65) para fazer a impugnação. Todavia, as autoridades mencionadas no parágrafo sob comento somente estariam à calva do *writ* nos atos de gestão, não nos demais atos. Naqueles casos em que os demais atos ferirem direito individual ou coletivo, ou houver a possibilidade da fazê-lo, o manejo da segurança será indiscutível.

9. Da Súmula n. 333 do STJ

Comanda a Súmula n. 333, do STJ: "Cabe mandado de segurança contra ato praticado em licitação promovida por sociedade de economia mista ou empresa pública." Tem-se que o enunciado da súmula não incluiu apenas as "concessionárias de serviço público", mas isso em nada modifica a situação, posto que prevista na lei. Em se apresentando o caso concreto, deverá o impetrante analisar e definir corretamente o que seriam "atos de gestão". De concreto, tem-se pelo direito sumular que ato de licitação não se compara a ato de gestão, daí a possibilidade da impetração do *mandamus*. Como regra, o conceito de autoridade deve ser amplo e abrangente. Nesse sentido, a súmula caminha.

§ 3º

§ 3º Quando o direito ameaçado ou violado couber a várias pessoas, qualquer delas poderá requerer o mandado de segurança.

---- Comentários ----

Referido parágrafo é a repetição do § 2º, do art. 1º da Lei n. 1.533/51.

10. Do litisconsorte facultativo

Tem-se aqui a solidariedade ativa de vários titulares do direito material que venha a ser violado ou que haja a possibilidade de vir a ser violado. Nesse caso, qualquer dos titulares do direito material poderá impetrar a segurança e o efeito da decisão será de proveito de todos, ainda que não participem do processo. O impetrante tem, quanto aos demais titulares do direito, a legitimação extraordinária. Como vimos, a nova lei conservou a mesma orientação da lei antiga.

Art. 2º

Art. 2º Considerar-se-á federal a autoridade coatora se as consequências de ordem patrimonial do ato contra o qual se requer o mandado houverem de ser suportadas pela União ou entidade por ela controlada.

---------- Comentários ----------

11. Das modificações

Em se analisando o art. 2º da Lei n. 1.533/51, as modificações foram apenas formais. Substitui-se "união federal" por "União" no que fez bem, pois não existe "União" que não seja federal; "unidade autárquica federal" por "entidade por ela controlada". A tendência é ampliativa, no que também andou bem o legislador.

12. Da autoridade federal

O artigo cuida de caso em que a responsabilidade seja reflexa. São casos em que a União participa juntamente com o Estado ou diretamente com o Município (repasse de verbas), sendo estes executores. Embora a União não participe diretamente, se a responsabilidade patrimonial recair sobre ela ou sobre entidades por ela controladas, a autoridade coatora será a União ou qualquer entidade por ela controlada. Como vimos antes, a competência jurisdicional se firma em função da autoridade. Disso resulta que, se a autoridade executora for o Estado, mas se a responsabilidade patrimonial for federal, a autoridade coatora será federal. Todavia, sobre responsabilidade reflexa, decidiu a Excelsa Corte: "*Habeas corpus*. Competência da justiça estadual. Repasse de Verbas. Lei n. 8.666/66. 1. É de competência da justiça estadual processar e julgar agente público estadual acusado de prática de delito de que trata o art. 89 da Lei n. 8.666/93, não sendo suficiente para atrair a competência da Justiça Federal a existência de repasse de verbas em decorrência de convênio da União com o Estado-membro. 2. *Habeas corpus* deferido." STF, HC 90.174-GO, j. 4.12.2007, rel. desig. Min. Carlos Alberto Menezes Direito (DJ 13.3.08).

Art. 3º

Art. 3º O titular de direito líquido e certo decorrente de direito, em condições idênticas, de terceiro poderá impetrar mandado de segurança a favor do direito originário, se o seu titular não o fizer, no prazo de 30 (trinta) dias, quando notificado judicialmente.

---------- Comentários ----------

O *caput* da lei nova, praticamente, repete de forma tautológica o art. 3º da lei antiga.

13. Da substituição processual

Temos aqui, caso de legitimação extraordinária também conhecido como substituição processual. O titular decorrente do direito de terceiro poderá manejar a segurança em defesa do direito originário, desde que o seu titular, judicialmente notificado, não venha a impetrar a segurança no prazo de 30 (trinta) dias. O *caput* do art. 3º da lei antiga falava em "prazo razoável". Não definia, deixando ao douto critério do juiz. A fixação de prazo foi oportuna, mesmo porque a razoabilidade, na praxe judicante, varia em torno de 10 (dez) dias A fixação em 30 (trinta) dias é mais do que razoável. Quanto às demais modificações, não passam de mera adequação de linguagem. Oportuno dizer, que o terceiro não está obrigado a aguardar o prazo para requerer a notificação judicial. Mesmo porque, poderá ser caso de urgência. Basta que, transcorrido algum tempo, *v. g.*, 30 dias, não se convença de que o titular tenha a intenção de efetuar a impetração. Ademais, o prazo de impetração é decadencial. Todavia, o terceiro deverá requerer a notificação judicial dentro do prazo de 120 dias. Feita a notificação, decorrido o prazo decadencial sem a impetração, confirma-se a legitimidade *ad causam* do terceiro.

Parágrafo único

Parágrafo único. O exercício do direito previsto no *caput* deste artigo submete-se ao prazo fixado no art. 23 desta Lei, contado da notificação.

---- Comentários ----

14. Do prazo

O prazo mencionado no art. 23 é de 120 (cento e vinte) dias e não poderia ser de outra forma. Trata-se de prazo decadencial para a impetração do *writ*. A contagem de prazo tem início no dia seguinte à notificação (art. 184, CPC). Quanto ao terceiro, o seu direito de impetrar a segurança nasce (*actio nata*), após o 30º dia da efetiva ciência do ato. A classificação de decadencial apresenta certas incoerências que serão enfrentadas oportunamente.

Art. 4º

Art. 4º Em caso de urgência, é permitido, observados os requisitos legais, impetrar mandado de segurança por telegrama, radiograma, *fax* ou outro meio eletrônico de autenticidade comprovada.

---- Comentários ----

15. Do modo de impetração em caso de urgência

Existe uma tendência salutar do legislador no sentido de facilitar a impetração do segurança. No art. 4º da lei antiga, permitia-se a impetração por meio de telegrama ou de radiograma. O artigo atual incluiu o fax ou qualquer outro meio eletrônico que permita a comprovação da autenticidade. O envio de petição por meio de *fax* já estava previsto no art. 1º, da Lei n. 9.800/99. A novidade, agora, é a possibilidade do uso em sede de segurança. Na ação comum, enviado o fax, a parte deverá encaminhar o original ao juízo dentro do prazo de 5 (cinco) dias úteis (§ 2º) do envio do fax, cujo prazo tem início no dia seguinte ao envio (art. 184, CPC). Dada a divergência jurisprudencial que se formou, aconselha-se que seja seguida a regra que ora indicamos. Quanto ao mandado de segurança, a norma posta no § 2º, do artigo 4º é de clareza incomodativa. A petição deverá ser apresentada nos cinco dias úteis seguintes. Entenda-se dias úteis como aqueles dias em que há expediente forense. Esse prazo, certamente, variará de comarca para comarca, tendo em conta os feriados municipais.

15.1. Da responsabilidade do impetrante

Desnecessário dizer que o impetrante é o único responsável pela qualidade do material enviado. As peças devem ser claras e legíveis; qualquer defeito na hora do envio fica por conta e responsabilidade do impetrante. Por isso, deve escolher um aparelho em bom estado de funcionamento. Os originais deverão corresponder fielmente às cópias enviadas por fax ou por outro meio permitido. Se alguma divergência houver, a parte poderá ser enquadrada na litigância de má-fé (art. 4º, parágrafo único, Lei n. 9.800/99). O parágrafo diz "sem prejuízo de outras sanções", o que poderá ser o indeferimento da petição inicial. Todavia, aplicada a litigância de má-fé, não vemos impedimento a que o *mandamus* prossiga sobre as peças originais, desde que presentes, naturalmente, todos os requisitos intrínsecos e extrínsecos. Indeferir a segurança com base na litigância de má-fé seria conceber o *bis in idem* e firmar residência em ato arbitrário, posto que ilegal.

15.2. Das dificuldades da impetração por fax

Embora seja mais uma possibilidade de impetrar segurança em caso de urgência, a dificuldade se avulta, uma vez que a petição inicial deverá ser instruída com os documentos que se fizerem necessários. Em dependendo do volume de documentos, melhor será que a impetração se faça diretamente. Ademais, o art. 6º da lei diz expressamente que os órgãos judiciários não estão obrigados a ter equipamentos de recepção. Pondere-se, ainda, o fato de, após o envio, não ser possível a inclusão de outros documentos. Dada a dificuldade que se avulta, esse meio de impetração deverá ser pouco utilizado.

§ 1º

§ 1º Poderá o juiz, em caso de urgência, notificar a autoridade por telegrama, radiograma ou outro meio que assegure a autenticidade do documento e a imediata ciência pela autoridade.

---Comentários---

16. Da comunicação à autoridade coatora

Este parágrafo repete o *caput* do art. 4º da lei antiga ao dizer que o juiz poderá, em caso de urgência, notificar a autoridade por telegrama, radiograma ou outro meio que assegure a autenticidade do documento e a imediata ciência pela autoridade. A prática judicante demonstra que não só em caso de urgência, mas na maioria dos casos de segurança, a comunicação à autoridade é feita com brevidade. Mormente em caso de concessão de liminar, a comunicação poderá ser feita por telefone e os originais enviados por mensageiro, em mãos, para a autoridade coatora, em se tratando de juiz, quando na mesma comarca (São Paulo). Evidente, em se tratando de comarcas distantes, não haverá como proceder a agilização a não ser por meio de radiograma, telegrama ou outro meio eletrônico. O termo "outros meios de comunicação" é ampliativo e, como tal, sem caráter taxativo, desde que permita verificar a autenticação. Não se descarta, desde que as condições permitam, a notificação por oficial de justiça. Urge que o processo judicial seja informatizado, transformando-se em realidade a Lei n. 11.419/06.

§ 2º

§ 2º O texto original da petição deverá ser apresentado nos 5 (cinco) dias úteis seguintes.

---Comentários---

17. Da Lei n. 9.800/99

Como vimos nos comentários do item 15, a Lei n. 9.800/99 cuida do tema para as ações comuns. Diz o art. 2º, *in verbis*: "A utilização do sistema de transmissão de dados e imagens não prejudica o cumprimento dos prazos, devendo os originais ser entregues, necessariamente, até 5 (cinco) dias da data da recepção do material." Parágrafo único. "Nos atos não sujeitos a prazo, os originais deverão ser entregues, necessariamente, até 5 (cinco) dias da data da recepção do material." O parágrafo único trouxe alguns desconcertos interpretativos e jurisprudenciais. Daí o aconselhamento de que os 5 (cinco) dias sejam contados do dia seguinte ao envio das peças (art. 184, CPC).

17.1. Do conteúdo lacônico do § 2º, do art. 4º da lei nova

O núcleo normativo é lacônico e diz menos do que deveria dizer. A afirmação de que "o texto original da petição deverá ser apresentado nos cinco dias úteis seguintes", acaba por dizer, expressamente, que os documentos não precisarão ser apresentados com a petição inicial. Isso é o que está dito. O laconismo deve ser evitado pelo legislador. Dizemos o laconismo, não a construção sucinta. O lacônico não diz tudo o que deveria dizer, o sucinto diz. As consequências em tais casos são perversas, pois abre a possibilidade de interpretações obtusas e, muitas vezes, sem nexo. Entretanto, em se tratando de mandado de segurança, deve o intérprete ter em mente que se trata de uma ação com certas peculiaridades que a diferencia das ações comuns. Mirando-se por essa ótica, a petição inicial deverá ser acompanhada dos documentos originais ou autenticados e da cópia da petição com cópias dos documentos, que instruem a petição inicial, que será entregue ao impetrado. Sem que assim proceda, a petição inicial poderá ser indeferida. Dizemos poderá, pois ficará ao douto critério do juiz oportunizar que a falha seja sanada. Se não o fizer, estará em conformidade com a determinação legal. Em suma: a transmissão a ser feita será a petição inicial e os respectivos documentos; nos 5 (cinco) dias seguintes deverão ser entregues a petição inicial original e os respectivos documentos originais ou autênticos.

§ 3º

§ 3º Para os fins deste artigo, em se tratando de documento eletrônico, serão observadas as regras da Infraestrutura de Chaves Públicas Brasileira — ICP-Brasil.

Comentários

18. Dos meios eletrônicos

As exigências para a impetração da segurança por meio eletrônico são demasiadamente exageradas e o custo, claramente, supera o benefício que poderia advir. A urgência e a necessidade do envio dos originais em curto espaço de tempo desaconselha o uso do meio eletrônico. Preferível, sem dúvida, o uso do correio eletrônico, caso em que a autenticidade das peças, que compõem o *writ*, será constatada de imediato. Por oportuno, tenha-se em mente que a Lei n. 11.419/2006 liberou os atos processuais praticados por advogados da certificação digital (art. 4º, § 1º)

Art. 5º

Art. 5º Não se concederá mandado de segurança quando se tratar:

I — de ato do qual caiba recurso administrativo com efeito suspensivo, independentemente de caução;

II — de decisão judicial da qual caiba recurso com efeito suspensivo;

III — de decisão judicial transitada em julgado.

Parágrafo único. (VETADO)

---------- Comentários ----------

19. Das restrições à concessão da segurança

O mandado de segurança, denominado remédio heróico, tem por objetivo primordial combater a ilegalidade, cometida por autoridade pública ou por pessoas físicas ou jurídicas que, eventualmente, estejam investidas do *status* de autoridade. Embora esse remédio mandamental faça suporte na ilegalidade, a doutrina e a jurisprudência no decorrer do tempo foi tratando de ampliar o seu núcleo operacional até mesmo para aqueles casos em que não existe ilegalidade. A verdade é que a doutrina e a jurisprudência firmaram entendimento no sentido de que, no caso de recurso, em que a lei determina o efeito somente devolutivo, poderá a parte manejar a segurança para conseguir o efeito suspensivo, evitando, dessa forma, a execução provisória. Também, avia-se o mandato de segurança no caso de penhora em dinheiro na execução provisória. Os tribunais superiores firmaram jurisprudência no sentido de que, em tais hipóteses, não cabe a penhora de numerário. Não existe aí nenhuma ilegalidade na penhora, di-lo o art. 655, CPC, que indica o rol de preferência. O atual art. 5º, da nova lei, como veremos na análise dos incisos, não inovou de forma substancial.

19.1. Do processo do trabalho e o mandado de segurança

O processo do trabalho é dotado de algumas peculiaridades e obriga que o mandado de segurança seja utilizado com maior frequência. Temos dois fatores processuais que direcionam para isso. Primeiro, é a irrecorribilidade das decisões interlocutórias; segundo, é o núcleo operacional restrito do agravo de instrumento, diferente do seu similar do cível que atua como verdadeiro coringa. O agravo do processo do trabalho tem a única finalidade de desatrelar recurso que teve o processamento indeferido. No caso das interlocutórias, a parte somente poderá vir a discutir a matéria em futuro recurso, como tema preliminar. Mas haverá caso em que a decisão interlocutória é ilegal e trará prejuízo imediato ou a possibilidade de fazê-lo de forma irreversível. Como o sistema jurídico tem sempre de encontrar mecanismos idôneos para dar efetividade ao direito e ao seu exercício, não haverá outra saída senão a de admitir o mandado de segurança para impugnar tais atos praticados com ilegalidade e visível arbítrio. Na verdade, em sede trabalhista, à mingua de recurso, o *writ* acaba por suprir a falha, operando como o agravo de instrumento do processo comum.

A matéria será desenvolvida de forma mais alentada por ocasião dos comentários ao § 1º, do art. 7º.

Inciso I

Inciso I – de ato do qual caiba recurso administrativo com efeito suspensivo, independentemente de caução.

Comentários
---

20. Do efeito suspensivo

Este inciso repete o inciso I, do art. 5º, da Lei n. 1.533/51. Se ao recurso foi dado, também, o efeito suspensivo, sem a exigência de caução, não haverá motivo para o manejo da segurança, por ausência de uma das condições da ação: interesse processua, uma vez que o mérito do processo administrativo será discutido sem qualquer ônus para a parte. Todavia, reconhecido o direito da parte na via administrativa, não haverá razão para movimentar a via jurisdicional. Caso o seu direito não venha ser reconhecido, poderá acionar o poder jurisdicional.

20.1. Do esgotamento da via administrativa

A lei provê para a regra geral. Assim, em sede administrativa, se o recurso não exigir caução e for recebido, também, no efeito suspensivo, o que significa que não haverá a possibilidade de executoriedade antes do término do processo, não existirá motivo para o manejo da segurança. Todavia, toda regra geral tem presente a exceção. Poderá surgir a hipótese em que, mesmo com as garantias do inciso I, a demora poderá causar prejuízos à parte ou haver possibilidade de prejuízos irreversíveis. Nesse caso, não haveria como não utilizar da segurança.

Por outro lado, a doutrina e a jurisprudência que se formaram sob a égide da Lei n. 1.533/51 foi no sentido de que a parte não está obrigada a utilizar o recurso administrativo, mesmo que não houvesse a exigência de caução (Súmula n. 373 do STJ) e que o recurso tivesse, também, o efeito suspensivo. Tem a parte o direito de escolher a via judiciária, renunciando ao recurso administrativo. Poderá fazê-lo, mesmo depois de haver interposto recurso administrativo. A doutrina e a jurisprudência é no sentido de que prazo decadencial de 120 (cento e vinte) dias tem início depois do término do prazo administrativo. O uso do *writ* ou do recurso administrativo será sempre uma questão de estratégia processual. Se for caso de urgência, não haverá outra escolha e a segurança deverá ser utilizada.

Inciso II

Inciso II – de decisão judicial da qual caiba recurso com efeito suspensivo.

Comentários

21. Da ampliação da lei nova

A redação do inciso é diferente do mesmo inciso da Lei n. 1.533/51. Vale dizer, na lei revogada, bastava haver recurso ou a correição parcial para obstar o *mandamus*. A lei nova fala em recurso com efeito suspensivo. Do que se conclui: se o recurso não tiver efeito suspensivo, a parte poderá impetrar segurança para conseguir o efeito suspensivo. O inciso atual está mais rente com a realidade.

21.1. Do efeito suspensivo em sede jurisdicional

Este inciso está dirigido ao recurso em sede jurisdicional ao qual tenha sido dado o efeito suspensivo. O que significa que, enquanto não transitar em julgado, não haverá a possibilidade de execução. Todavia, nada impede que o juiz de primeiro grau dê efeito somente devolutivo ou que o relator no tribunal, atendendo a pedido cautelar, retire o efeito suspensivo. Nesse caso, estaria retirado o óbice legal do inciso II e estaria aberta a porta para o uso do *writ*, em sendo o caso. Todavia, a prática indica que as hipóteses se sucedem justamente nos casos em que o efeito é somente devolutivo e a parte pleiteia, também, o efeito suspensivo ao juiz primário ou ao relator no tribunal.

21.2. Da demora no pronunciamento recursal

Como dissemos antes, o inciso II cuida da regra geral posta no recurso, com efeito suspensivo. Em princípio, não haveria interesse processual da parte no manejo da segurança, já que descartada estaria a execução provisória e, consequentemente, a penhora de bens ou dinheiro. Entretanto, suponha que o recurso foi enviado ao tribunal e o processo permanece sem julgamento por muito tempo, estando o autor acometido de doença grave (art. 1.211-A, CPC). O fato de caber a correição parcial já não mais configura óbice para o mandado de segurança.

21.3. Do agravo de instrumento do processo comum

O fato de o recurso ter efeito apenas devolutivo era motivo para que se utilizasse da segurança para impedir os efeitos prejudiciais da decisão agravada. A situação se acalmou com o advento da antecipação da tutela (1994 – arts. 273 e 461 e ss, CPC) e com o advento da Lei n. 9.139/95 que normatizou o agravo de instrumento, podendo o relator conceder o efeito suspensivo (art. 558, CPC) até o julgamento final.

21.4. Do agravo de instrumento do processo do trabalho

Como dissemos no item 19.1, ao tratar do processo do trabalho, o agravo de instrumento trabalhista tem um núcleo restrito em função do princípio da irrecorribilidade das decisões interlocutórias. Situação de ilegalidade que traga prejuízo ou que possa causar prejuízo com possibilidades irreversíveis somente poderá ser revertida pela via do *mandamus*. O sistema processual trabalhista não propicia meios legais específicos para combater a ilegalidade contida numa decisão interlocutória que poderá vir carregada de arbítrio. Todavia, não se pode perder de vista que o sistema, como um todo, tem de encontrar mecanismos para efetividade e o exercício do direito. Em se apresentando a hipótese, deve o advogado impetrar a segurança, situação, de resto, já aceita unanimemente pela doutrina e pela jurisprudência.

21.5. Da correição parcial

A correição parcial fora prevista em alguns Códigos de Processos estaduais e estava prevista no inciso II, do art. 5º, da Lei n. 1.533/51. Com a revogação da lei, a correição parcial estará prevista somente nos Regimentos Internos dos Tribunais. Por consequência da revogação, a Súmula n. 267 do Supremo Tribunal Federal perde o seu objeto com vistas à correição e, quanto aos recursos, não mais vige a regra genérica, mas, sim, o recurso com efeito suspensivo.

Inciso III

Inciso III — de decisão judicial transitada em julgado.

──────────────── **Comentários** ────────────────

22. Do acréscimo

O inciso III transformou em lei aquilo que tinha existência no Direito Sumular: Súmulas n. 33 do TST e 268 do STF. Referidas súmulas perderam os seus respectivos objetos. O legislador nada mais fez do que repetir aquilo que a doutrina e a jurisprudência sumulada da Excelsa Corte já dizia. O mandado de segurança não tem vocação para recurso nem para ação rescisória. A ilegalidade produzida no julgado deve ser ferida pela via recursal, enquanto não transitado em julgado. Depois de formada a coisa julgada, o remédio processual hábil será a ação rescisória de conformidade com os requisitos taxativos da lei (*numerus clausus*).

23. Dos juizados especiais cíveis e criminais

A Lei n. 9.099/95, que dispõe sobre os Juizados Especiais Cíveis e Criminais, no art. 59, proíbe expressamente o manejo da ação rescisória: "Não se admitirá ação rescisória nas causas sujeitas ao procedimento instituído por esta lei." O objetivo da lei é nobre, qual seja o de premiar a celeridade com a entrega jurisdicional no menor prazo possível. Todavia, intenções à parte, a celeridade processual deverá conviver de forma pacífica com o devido processo legal. Seria mesmo simploriedade pensar que, em tais ações, não existirá a ilegalidade. A imperfeição é própria do ser humano. O juiz não constitui exceção. Por outro lado, a proibição da revisão da ilegalidade a desprestigiar a coisa julgada material pode ser um incentivo a que o magistrado se descure de regras que informam do princípio do contraditório, da ampla defesa. Em suma: onde houver a possibilidade do cometimento de ilegalidade e de desprestígio de direito líquido e certo, e causar prejuízo ao direito individual ou coletivo, ou existir a possibilidade de prejuízos irreversíveis, o sistema deverá prover e prever a existência de remédio processual que proporcione a efetividade do direito ou do seu exercício. Não vemos nenhum impasse a obstar o emprego do *writ*. Ter-se-á o caso em que o mandado de segurança substitui a ação rescisória para eliminar a ilegalidade do julgado. A imutabilidade da coisa julgada não pode se constituir em "tabu". Em termos de valoração, o combate à "ilegalidade" estará sempre em primeiro plano. Não se pode deduzir que, eliminada a possibilidade do manejo da rescisória, o mandado de segurança estaria eliminado por via de consequência. A discussão pela via do mandado se faz necessária, ainda que a ilegalidade esteja contida na coisa julgada. A idiossincrasia espreita quando menos se espera.

Da doutrina

Ulderico Pires dos Santos, há mais de três décadas, já defendia a segurança para eliminar a ilegalidade da coisa julgada. "Via de regra, o mandado de segurança não se ajusta mesmo ao reexame do valor intrínseco da coisa julgada. Mas se esta se apresenta translúcida de ilegalidade, se da sua execução pode resultar violação iminente de direito líquido e certo, obviamente, a nocividade destes vícios desguarida a proibição. O apego demasiado ao princípio formal da imutabilidade das decisões judiciais não pode ser tão descomedido a ponto de permitir livre trânsito à execução de arestos proferidos solarmente contra as formalidades legais e ao arrepio da lei. A regra finalística do *mandamus* é, como se sabe, coartar abusos. Constitui, por isso, o mais pronto e eficaz medicamento para fazer abortar ilegalidades manifestas. Significa, por assim dizer, a mais prudente arma com que conta o Estado para coibir os desmandos de seus agentes públicos. Pode e deve, por essa razão, o *writ* ser usado para atacar decisões fecundadas ilegalmente. A perenidade da *res judicata*, em tais hipóteses, só existe em tese. Muito maior pecado do que o da violação do princípio da imutabilidade das sentenças é a executoriedade destas, se proferidas *contra legem*, com ilegalidade manifesta, ou abuso de poder, afrontando o mandamento constitucional". E conclui: "Em situação como esta, a rejeição do *mandamus* será autêntica agressão jurídica, porque uma sentença prolatada com menosprezo das verdadeiras finalidades da lei e da Justiça constitui a mais violenta forma de abuso de poder. Se a ilegalidade é manifesta, pouco importa seja ela emoldurada por ato de ofício judicial, que não pode, só por isso, erigir-se em manto protetor de abusos" (*O mandado de segurança na doutrina e na jurisprudência*. Rio de Janeiro: Forense, 1973. p. 91-93).

24. Da lei revogada

A lei revogada cuidava no inciso III "de ato disciplinar, salvo quando praticado por autoridade incompetente ou com inobservância de formalidade essencial". Referido inciso III não foi recepcionado pela nova lei. A omissão do legislador nos parece oportuna, posto que a normatização era restritiva. Sem embargo da prerrogativa de que goza o administrador público em razão do binômio "oportunidade e conveniência", não se pode descartar a presença de ilegalidade no núcleo de tais atos, burlando promoções por merecimento com apaniguados com a imposição do protecionismo. Sem a restrição expressa, ficou mais fácil o manejo da segurança para ferir âmbito maior em que atue a ilegalidade do ato.

Parágrafo único (VETADO)

―――――― **Comentários** ――――――

Parágrafo único. O mandado de segurança poderá ser impetrado, independentemente de recurso hierárquico, contra omissões da autoridade, no prazo de 120 (cento e vinte) dias, após sua notificação judicial ou extrajudicial.

25. Do escopo do parágrafo único vetado

A prática indica que a resistência de autoridades em sanar omissões, ou mesmo em conceder certidões, é uma constante. As pessoas, que ocupam muitos cargos de autoridade, nem sempre são preparadas para o mister e acabam oferecendo resistência no cumprimento de suas obrigações. É uma espécie de inchamento do ego, prova evidente de que, realmente, não estão preparadas para o exercício do cargo ao qual foram guindadas. Basta dizer que o mandado de segurança teve a sua origem justamente para combater procedimentos ilegais e arbitrários de autoridades. O prazo de 120 (cento e vinte) dias concedido pela lei era mais que suficiente para que o recurso administrativo fosse apreciado e julgado a favor ou contra. De qualquer maneira, o direito sumular cristalizado na Súmula n. 429 do Supremo Tribunal Federal é atualíssimo. De resto, a Lei n. 9.051/95 determina que a autoridade expeça certidão para defesa de direitos e de esclarecimentos de situações no prazo de 15 (quinze) dias, contados do registro do pedido no órgão encarregado do atendimento. Do que resulta que, ultrapassado o prazo, a parte já poderá manejar o *mandamus*. Mesmo para outras hipóteses não previstas na Lei n. 9.051/95, haverá o referendo da Súmula n. 429 do STF que não se sensibiliza com o "efeito suspensivo" do recurso administrativo. Em sendo caso urgente e com possibilidade de prejuízo imediato, ou na iminência de tê-lo de forma irreparável, o manejo da segurança será inescusável. O juiz não pode deixar de julgar sob a alegação de que não existe lei para a espécie. Isso, não. Haverá, sempre, no sistema jurídico, mecanismos idôneos que deem efetividade ao direito buscado e ao seu exercício.

Art. 6º

Art. 6º A petição inicial, que deverá preencher os requisitos estabelecidos pela lei processual, será apresentada em 2 (duas) vias com os documentos que instruírem a primeira reproduzidos na segunda e indicará, além da autoridade coatora, a pessoa jurídica que esta integra, à qual se acha vinculada ou da qual exerce atribuições.

―――――――――――――――― Comentários ――――――――――――――――

26. Dos requisitos da petição inicial

A petição inicial deverá atender aos requisitos dos arts. 282 e 283, do CPC, embora a lei não o diga expressamente como fazia o art. 6º, da Lei n. 1.533/51, revogada.

Além das exigências formais de toda e qualquer ação comum, o mandado de segurança exige que o impetrante indique, além do fundamento jurídico, o fundamento legal. Isso se faz necessário em virtude de não ter aplicação no âmbito do *writ* o *"Da mihi facto, dabo tibi jus"*. O fundamento legal deverá ser expresso, *id est*, deverá indicar o artigo, o parágrafo, o inciso ou a alínea que afirma ter sido maltratado ou maltratados e que constitui a ilegalidade. O mandado será analisado e julgado em função do fundamento legal indicado, não podendo haver a aplicação do *jura novit curia*. A petição inicial será feita em duas vias, sendo que os documentos que instruírem a primeira via deverão ser juntados, por cópias, à segunda. Entre os pressupostos processuais subjetivos está a indicação, além da autoridade coatora, da pessoa jurídica à qual a coatora está vinculada ou exerce atribuições. Entre os pressupostos objetivos, está a tempestividade, qual seja, o *writ* só pode ser impetrado no período de 120 (cento e vinte) dias, a contar do ato coator, prazo decadencial e a prova pré-constituída. Isso significa que as partes deverão instruir o mandado com as provas documentais que necessitam para provar o que alegam. O impetrante o fará por ocasião da inicial e o impetrado por ocasião das "informações". O mandado não permite instrução probatória. O direito líquido e certo deverá ser comprovado de plano. Se necessitar de outras provas, que não aquelas trazidas, não se cuidará de direito líquido e certo, devendo o impetrante louvar-se em ação ordinária na qual terá todas as oportunidades probatórias. A pre-sença das condições da ação é inarredável. Deve o causídico, antes da impetração, estudar criteriosamente o caso verificar se realmente é a hipótese de segurança; qual é a autoridade coatora, qual a jurisdição competente; se não decorreu o período decadencial. Qualquer falha formal na inicial poderá ser motivo para o arquivamento.

27. Do prejuízo de terceiro

Se o ato perseguido pela segurança, se concedida a liminar ou se concedida a segurança, for causar prejuízo a terceiro a quem o ato atacado era benéfico (na execução pode ser o exequente), esse terceiro deverá ser notificado para vir compor a lide na qualidade de litisconsorte necessário, pena de nulidade da sentença ou do acórdão que vier a ser prolatado.

28. Da indicação errônea de autoridade coatora

A indicação correta da autoridade coatora é um dos pontos mais importantes da impetração da segurança e que diz respeito aos pressupostos de admissibilidade, às condições da ação e à competência jurisdicional para conhecer, apreciar e julgar o *writ*. Diversamente da ação comum, a competência jurisdicional se firma em função da autoridade indicada como coatora. Se a autoridade é federal e erra-se na indicação da autoridade mencionando-a como sendo estadual, a competência se firma com a jurisdição estadual. Temos aí dois erros: na autoridade coatora e na jurisdição. O *writ* será fatalmente indeferido *in limine*.

Em se apresentando a hipótese, notificada (citada) a autoridade dita coatora para apresentas informações, esta deverá, desde logo, alertar o juízo para a erronia da propositura e pedir o arquivamento. Se o acerto de autoridade puder ser feito sem prejuízo da jurisdição, pode o juiz até aceitar que assim se proceda, concedendo prazo razoável. Dizemos poderá, pois, se o juiz determinar o arquivamento, estará procedendo de forma correta. Todavia, se com o acerto houver mudança de jurisdição, não deve o juiz permitir. Nesse caso, deve indeferir a inicial e poderá a parte, querendo, direcionar outro mandado corretamente. Não se concebe que o juiz faça acertos e remeta o processo para outra jurisdição.

Doutrina

"Problema que tem surgido a miúdo na lição forense é o da indicação errônea de autoridade coatora. O juiz, é certo, não deve ficar amarrado a 'preciosismo processual', já que no dizer de Adolfo Wach, o 'fim do processo não é teórico, mas prático." (ALVIM, Arruda. *Código de Processo Civil comentado*. São Paulo: RT, 1975. p. 28).

Jurisprudência

Mas, se o erro for grosseiro, deve, desde logo, extinguir o processo com base no art. 267, VI, do Código de Processo Civil (MAS 110.291-RJ, rel. Min. Pedro Acciolli, DJU 28.8.86, p. 15.081; MAS 99.050-PB, rel. Min. Carlos Thibau, DJU 9.10.86, p. 18.805; MAS 102.506-SC, rel. Min. José Cândido de Carvalho Filho, EJTFR 80/323; ACMS 1.128-TJSC, rel. Des. Napoleão Amarante, RT 564/230.

Na hipótese de o notificado alegar que houve indicação errônea da autoridade coatora, por parte do impetrante, deve o juiz, se o indicado na inicial estiver sob sua jurisdição, julgar o feito, com ou sem mérito. Isto é, ele conhecerá da provocação do impetrante e, se acolher a ilegitimidade, julgar o impetrante carecedor da ação. Se não acolher, concederá, ou não, a segurança. O que o juiz não pode fazer, ao fundamento de que a verdadeira autoridade coatora se acha sob outra jurisdição, é enviar os autos para o tribunal competente. No CJ 6.034-RJ, em que foi relator o Min. Leitão de Abreu (RTJ 79/363). O Supremo Tribunal Federal decidiu que tocava ao Tribunal de Justiça do Rio de Janeiro e não ao juiz federal (suscitante do conflito) o julgamento de mandado de segurança onde o secretário de Estado (indicado como autoridade coatora na inicial) se tinha como ilegitimado passivo e apontara autoridade federal como autêntico coator (Adhemar Ferreira Maciel, artigo citado, coord. Sálvio de Figueiredo Teixeira, p. 187).

Segundo o articulista, "vez por outra, têm os tribunais admitido a 'substituição' da autoridade coatora por outra (MAS 97.486-RJ, rel. Min. Carlos Madeira, DJU 14.2.85, p. 12.181; CComp. 3.690-DF, rel. Min. Bueno de Souza, DJU 1º.7.80, p. 4.959. A rigor, essa 'substituição' deve ser feita a pedido do impetrante, depois de provocada pelo juiz, e sempre antes da notificação (CPC, art. 264). Cita o eminente juiz que 'Na ACMS 31.763-2, tendo como relator o Des. Rafael Gentil (RT 571/77), o Tribunal de Justiça de São Paulo reformou a sentença recorrida que havia decretado a carência da ação por indicação errônea da autoridade coatora. No feito, o verdadeiro coator ingressara na relação processual como assistente litisconsorcial e fizera a defesa. Ora, num caso como esse, seria muito apego a tudo de negativo que o processo tem. Não obstante a indicação errônea do impetrado, houve, embora por outro órgão, que não indicado na inicial, informações e defesa da pessoa jurídica. Bem andou a Corte ao estatuir que 'mais interessado que o coator no desfecho do pedido de segurança é a pessoa jurídica atingida por ele. Se esta assume a defesa do ato, razão não há para o decreto de ilegitimidade de parte. Se esta comparecer para defesa do ato impugnado, encampa o ato, pelo qual responde'. No mandado de segurança, a lei, em vez de se preocupar com as 'pessoas jurídicas', como sujeitos processuais, já leva em conta seus órgãos e agentes". Lembra Hely Lopes Meirelles que muito se tem discutido, e os tribunais não hesitam, se a errônea indicação da autoridade coatora conduz à carência da impetração ou admite correção para o prosseguimento do mandado contra o verdadeiro coator. Sustentamos que o Juiz pode — e deve — determinar a notificação da autoridade certa, como medida de economia processual, e, sendo incompetente, remeter o processo ao juízo competente (CPC, art. 13, § 2º, citando acórdão do TJSP, RT 576/69. Isto porque a complexa estrutura dos órgãos administrativos nem sempre possibilita ao impetrante identificar com precisão o agente coator (*Mandado de segurança, ação popular, ação civil pública, mandado de injunção e habeas corpus*. São Paulo: RT, 1989. p. 36).

Discordamos do eminente autor a esta parte. A remessa do *writ* para outro juízo poderia provocar conflito de competência que comprometeria a celeridade da via heróica com a neutralização do seu objetivo, qual seja a defesa de direitos individuas ou coletivos tisnados pela ilegalidade. O mandado de segurança tem peculiaridades que o diferencia e muito das ações comuns. De resto, abrir-se-ia uma outra discussão perante o prazo decadencial. O mandado distribuído dentro dos 120 (cento e vinte) dias em juízo incompetente seria considerado intempestivo se fosse declarado competente outro juízo, decorridos seis meses, um ano ou mais? Parece-nos que a maneira mais prática para defesa dos direitos do impetrante é a apreciação rápida do *writ* concedendo, ou não, a segurança ou dando pela carência. Se decretada a carência, certamente terá prazo suficiente para manejar outro mandado sem os vícios do primeiro.

§ 1º

§ 1º No caso em que o documento necessário à prova do alegado se ache em repartição ou estabelecimento público ou em poder de autoridade que se recusa a fornecê-lo por certidão ou de terceiro, o juiz ordenará, preliminarmente, por ofício, a exibição desse documento em original ou em cópia autêntica e marcará, para o cumprimento da ordem, o prazo de 10 (dez) dias. O escrivão extrairá cópias do documento para juntá-las à segunda via da petição.

Nota: A construção feita não obedeceu ao princípio do paralelismo que dá suporte a vernáculo. O correto seria: "em repartição ou em estabelecimento público".

Comentários
---

29. De documento em poder de autoridade

O parágrafo único do art. 6º, da Lei n. 1.533/51, tinha o mesmo conteúdo programático do atual § 1º. Este, entretanto, é mais didático ao falar na fixação do prazo de 10 (dez) dias. Note-se que a Lei n. 7.347/85 (ACP), art. 8º, fixa o prazo de 15 (quinze) dias.

Haverá caso em que o documento base ou substancial não está em poder do impetrante, mas no poder de alguma autoridade que se nega a expedi-lo. Nesse caso, deve o impetrante registrar o pedido mediante petição devidamente protocolada na repartição, cuja cópia deverá ser juntada à petição da segurança o que comprovará suficientemente a recusa da autoridade. Sem essa providência, não existirá prova de recusa e o mandado de segurança poderá ser indeferido liminarmente.

Nesse sentido, o STJ já decidiu que "À luz do parágrafo único do artigo 6º da Lei do Mandado de Segurança, somente se procede à requisição de documentos necessários à prova do alegado se a autoridade responsável se recusa a fornecê-los." (RMS 11.978/RS, DJ 2.2.04). Nota: O parágrafo único do art. 6º, da Lei n. 1.533/51 tem correspondente no § 1º, do art. 6º, da Lei n. 12.016/09 (LMS).

Presente a comprovação da resistência, o juiz oficiará à autoridade para que envie ao juízo certidão do documento ou de cópia autêntica e marcará prazo de 10 (dez) dias para o cumprimento. Se a autoridade recalcitrante for a própria autoridade coatora, a ordem de remessa do documento será feita juntamente com a notificação. Há caso em que a autoridade negou-se a entregar o documento sob alegação de sigilo. Nesse caso, a segurança será impetrada com a prova da recusa. Perante o juiz, não pode a autoridade negar-se ao cumprimento sob alegação de sigilo. O juiz não está sujeito ao sigilo. O não cumprimento poderá sujeitar a autoridade ao crime de desobediência (art. 330, CP). Lembra Hely Lopes Meirelles que os demais documentos juntados com a inicial não necessitam de autenticação, bastando que tenha a rubrica do advogado do impetrante, o qual responderá pela exatidão dos mesmos (*ob. cit.*, p. 48).

29.1. Da negativa de autoridade em fornecer informações e documento

Como vimos no item retro, a autoridade não pode negar-se à apresentação do documento sob o argumento de sigilo. Também não pode negar a atender ao pedido do juízo sem incorrer no crime de desobediência. Todavia, do ponto de vista prático, alguma coisa deverá ser feita, pois não é concebível que o *writ* permaneça sobrestado por obra e graça da autoridade. De conformidade com os preceitos do art. 12 da Lei, esgotado o prazo para as informações, dar-se-á vista ao Ministério Público que opinará no prazo improrrogável de 10 (dez) dias. Com ou sem o parecer do Ministério Público, os autos serão feitos conclusos ao juiz (ou ao relator) que deverá proferir sentença em 30 (trinta) dias. Vale dizer, mesmo sem as informações da autoridade indicada como coatora e/ou sem o parecer do Ministério Público, a segurança deverá ser julgada no prazo máximo de 30 (trinta) dias nos termos do parágrafo único. O art. 10 da Lei n. 1.533/51, revogada, estava melhor redigida. Lá, o julgamento prescindia tão somente das informações, sendo obrigatório o parecer do Ministério Público. Já agora, o julgamento poderá ser levado a efeito, ainda que a autoridade impetrada não forneça informações e o Ministério Público não cumpra o seu dever de ofício. No tocante à autoridade, não haverá as consequências da revelia, segundo a melhor doutrina a qual nos filiamos. Todavia, com relação à contumácia do órgão ministerial, isso não deve ser motivo para atrasar o julgamento do *mandamus*, já que a proteção do direito de terceiro protegido pelo Estado deve ficar acima de pretextos formais, mas deverá o juiz ou o relator comunicar o ocorrido ao órgão superior na figura do *Parquet* para que tome as providências administrativas cabíveis. Como regra, embora a lei prescinda do parecer ministerial, tendo em vista as peculiaridades do *writ* como remédio processual mandamental, o Ministério Público está obrigado a fornecer parecer por se tratar de tema de ilegalidade. Ademais, é o seu ofício e é pago pelo contribuinte para isso.

Todavia, se autoridade apresentar informações e se negar à apresentar documento ou não apresentar, no prazo, nem informações, nem o documento, nada poderá fazer o juiz quanto às informações, posto ser ato da impetrada. Entretanto, com relação a documento que é prova do impetrante, não poderá a autoridade impetrada levar vantagem com a sua própria omissão. Por isso, temos como razoável que o julgamento seja efetuado como se o documento houvesse sido juntado, favorecendo, assim, o impetrante. Essa conclusão em nada se parece com a ausência de informações, ato que só depende do querer da autoridade, conforme se verifica do art. 12. Sem prejuízo de responder pelo crime de desobediência nos termos do art. 330, CP.

Como regra, deve o impetrante, quando o documento estiver na posse da própria autoridade, comprovar, mediante cópia do pedido do documento devidamente protocolado naquela repartição a recusa e, dessa forma, requerer, desde logo, a requisição pelo juiz. Mas suponha-se que o impetrante impetrou a segurança sem nada pedir na petição inicial. Verificando, depois, que o documento é substancial à prova do seu direito líquido e certo, pergunta-se se poderá aditar o pedido inicial. A resposta é negativa. O *writ* não admite prorrogação probatória. A oportunidade única existente para juntar documentos é com a inicial e com as informações defensórias. O mandado de segurança é uma ação com perfil especial e não deve, nem pode, ser banalizada como se lei ordinária fosse.

Uma outra hipótese: poderá o impetrante proceder emenda à inicial, depois da apresentação dos documentos requisitados, para adequar a fundamentação antes adotada? O impetrante tinha uma visão diferente do conteúdo do documento requisitado e, com a juntada, verifica que a estratégia probatória adotada estaria incorreta diante da juntada do documento. A situação é intrincada. Para alguns, o fato de o impetrante não ter um conhecimento razoável sob o conteúdo do documento só juntado com o pedido requisitório não poderá prejudicá-lo. Nesse caso, seria possível a adequação dos fundamentos. Entretanto, não se deve esquecer que o pedido de requisição para a autoridade segue em concomitância com a notificação (citação) para produzir as informações defensórias. Se se permitir a modificação ou, como preferem alguns, a adequação da fundamentação, não haveria outra saída senão proceder a nova notificação, com devolução de prazo. O prazo para informações defensórias é peremptório (art. 7º, *caput* e art. 12 da nova Lei). Como regra, não tem aplicação em sede de segurança os arts. 264, 284 e 294, CPC.

Evidentemente, tais procedimentos não se afinam com o procedimento da ação mandamental. Os princípios da economia processual e da ampla defesa deferidos à ação ordinária não deve desvirtuar o procedimento rigoroso do *writ*. O § 1º, do art. 6º da lei nova corresponde ao parágrafo único, art. 6º da Lei n. 1.533/51, revogada. Continuam em vigor aqui todos os precedentes jurisprudenciais criados em sede da lei antiga.

29.2. Da negativa de documento em poder de terceiro

O terceiro poderá ser pessoa física, pessoa jurídica de natureza privada ou pública. Se o documento requisitado pelo juiz ou pelo relator estiver em poder de terceiro, comprovada a negativa por meio de oficial de justiça, deverá o juiz determinar a busca e apreensão, com ordem de prisão a quem resistir. Isso porque a natureza mandamental do *writ* não permite o emprego do art. 355 do Código de Processo Civil em razão de o mandado de segurança não admitir qualquer incidente, muito menos o probatório. O juiz tem poderes para vencer a resistência de pessoa (física ou jurídica) e deverá usar desses poderes quando o documento estiver em poder de terceiro recalcitrante. Há que se preservar o princípio da autoridade. Poderá o terceiro, ainda, responder por crime de desobediência (art. 330, CP). Essa objetividade para conseguir o documento está no fato de o mandado de segurança não poder ser transformado numa ação ordinária. Daí a razão pela qual não se poderá falar na aplicação do art. 355 do Código de Processo Civil e nas consequências do art. 359 do mesmo diploma legal. A negativa do terceiro em nada beneficiaria o impetrante; ao contrário, somente poderia prejudicar em se tratando de documento probatório substancial.

29.3. Da ausência de informações e as consequências de revel

Fazemos essa chamada didática tendo em vista a possibilidade de a autoridade impetrada negar-se a oferecer informações. Todavia, o tema "revelia" será oportunamente desenvolvido por ocasião da análise do art. 12 e respectivo parágrafo único.

§ 2º

§ 2º Se a autoridade que tiver procedido dessa maneira for a própria coatora, a ordem far-se-á no próprio instrumento da notificação.

Comentários

Nota: A lei prevê pela generalidade, por isso, deve usar a preposição no modo indefinido: "de", e não "da". A construção "instrumento da notificação" é indevida. O correto seria: "instrumento de notificação". Quem poderá usar a preposição "da" é o juiz naquele caso concreto, portanto, definido.

30. Do comando ordinatório

A construção do § 2º em separado foge ao tecnicismo necessário à construção da norma. Não existe aí nenhum comando de conteúdo normativo, mas simples conteúdo ordinatório, qual seja que a ordem seja feita no próprio instrumento de notificação. Nada impede que o juiz proceda de outra forma: expeça a ordem de forma autônoma. Não vemos, aí, nenhum comando imperativo. Em suma: o parágrafo deveria fazer parte do § 1º.

§ 3º

§ 3º Considera-se autoridade coatora aquela que tenha praticado o ato impugnado ou da qual emane a ordem para sua prática.

---- Comentários ----

31. Do que seja autoridade coatora

O legislador, sem maiores preocupações, considera autoridade coatora aquela que tenha praticado o ato ou da qual emane a ordem para a prática do ato. Como regra, o simples executor não tem poderes para desdizer o ato, sobrestá-lo, suspendê-lo ou mesmo anulá-lo. São hipóteses em que o executor recebe ordens de superior hierárquico e o seu dever é o de obedecer. Desse modo, não adianta colocar o executor na posição de coator, já que não teria poderes de decisão. A providência seria lamentavelmente ociosa. A indicação correta da autoridade coatora está diretamente ligada ao correto ajuizamento do mandado de segurança. Coatora não é a pessoa jurídica; coator não é o órgão ao qual pertence. A pessoa jurídica, ou o órgão, poderá vir ao processo na qualidade de assistente. Como veremos a seguir, a casuística sobre a autoridade coatora não se restringe à simplicidade posta no parágrafo sob comento.

32. Do ato complexo

Diz-se complexo, aquele ato que não está contido nos poderes decisórios de uma única pessoa. Poderá depender da vontade de várias pessoas, com poderes hierárquicos diversos ou mesmo depender da vontade de vários órgãos, com autoridades sujeitas a circunscrições diversas. Para Celso Agrícola Barbi (*ob. cit.*, p. 81), em se cuidando de ato complexo, o entendimento generalizado é o de que todas as autoridades que participam da sua formação são consideradas coatoras. Nesse caso, a notificação (citação) de todas as autoridades coatoras de um ato complexo, por vezes, se apresenta de difícil procedimento Constata que nos atos complexos existe uma tendência doutrinárias (MEIRELLES, Hely Lopes. *ob. cit.*, p.37) de que o coator seja a última autoridade que intervém para o seu aperfeiçoamento. O raciocínio não deixa de ter uma certa lógica, pois sem o referendo da última autoridade, o ato sequer existiria e sequer entraria em execução. Por outro lado, com a vinda da última autoridade, o ato nasce, se torna presente e atuante. Se tivermos uma autoridade federal, uma estadual e outra municipal, não haveria dúvida de eleger-se como coatora a autoridade federal. Dúvida surgirá, quando todas forem da mesma hierarquia. A jurisprudência da Excelsa Corte tem exigido a participação (notificação) de todos os que participaram do ato. Nesse sentido: STF, DJU, 4.10.1963, RDA 53/216; TJPS, RT 343/189, 477/74. O Ministro Carlos Mário Velloso, no MS 97.203-DF (RTFR 101/174, sustentou que, em sendo "ato complexo, no qual intervém mais de um órgão, a segurança pode ser impetrada contra a autoridade que representa o órgão que praticou o ato final ou que completou o ato complexo, aperfeiçoando-o". Ver nossa obra *Mandado de segurança*. 3. ed. São Paulo: RT, p. 47-48).

33. Do ato composto

Nesta espécie de ato, diferente do ato complexo, não há unidade jurídica. São dois atos que se independem (MELO, Bandeira de; ARANHA, Oswaldo. *Princípios gerais de direito administrativo*. Rio de Janeiro: Forense, v. I, p. 123). A vontade parte de um só órgão (MEIRELLES, Hely Lopes. *Curso de direito administrativo*. São Paulo: RT, p. 159). O ato dito principal praticado pelo primeiro órgão só se traduz em eficácia após "vistado" pelo segundo para efeitos formais. Cretella Júnior (*Dicionários de direito administrativo*. São Paulo: Bushatsky, 1972. p. 28) rotula o ato complexo desigual, definindo-o como manifestação da vontade da Administração concretizada mediante pronunciamentos concomitante ou sucessivos de mais de um órgão do Estado, mas de valor jurídico diferente, preponderando, de tal modo, a decisão de um dos órgãos que o ato é formalmente peculiar à vontade dominante, enquanto que as demais vontades, embora em substâncias iguais, ou mais decisivas, assumem o valor de meros pressupostos, como, por exemplo, entre nós, o referendo ministerial a ato do Presidente da República. Em casos tais, orienta a doutrina que o impetrante poderá atacar somente o ato principal, sem necessidade de notificar o órgão que teria ratificado o ato (MEIRELLES, Hely Lopes. *ob. cit.*, p.37).

34. Do ato de avocação

Poderá haver hipótese em que a autoridade superior, dentro do campo da sua atribuição, queira avocar a responsabilidade da autoridade inferior, assumindo as consequências. Embora isso não seja tão comum, nada impede que isso aconteça. Poderá suceder em tais casos que haja o deslocamento da jurisdição do *mandamus*, face à superioridade hierárquica da autoridade que está assumindo.

Entretanto, a substituição de autoridade coatora, pela avocação, somente será admitida antes da impetração da segurança. A exigência dispensa maiores comentários; aceitar-se o contrário seria permitir o deslocamento de competência jurisdicional ao bel-prazer de autoridades, que poderiam suceder-se em avocação com finalidade protelatória e com desprestígio do princípio do juiz natural e da competência funcional. O raciocínio não é cerebrino, posto que as autoridades, como regra, são sempre pessoas ligadas à política. E a moral política não é a mesma do homem comum.

§ 4º (VETADO)

35. Do veto Presidencial in verbis

> A redação conferida ao dispositivo durante o trâmite legislativo permite a interpretação de que devem ser efetuadas no correr do prazo decadencial de 120 (cento e vinte) dias eventuais emendas à petição inicial com vistas a corrigir a autoridade impetrada. Tal entendimento prejudica a utilização do remédio constitucional, em especial, ao se considerar que a autoridade responsável pelo ato ou omissão impugnados nem sempre é evidente ao cidadão comum.

―――――――― Comentários ――――――――

36. Da correção do veto presidencial

O veto presidencial confirma a segurança como remédio processual diferente da ação comum que não admite certos prolongamentos desnecessários, desde que, antes da propositura, o advogado proceda com um certo rigor formal. A verificação correta da autoridade coatora é trabalho e obra do advogado, técnico no direito. O facilitário em nada contribui para a melhoria intelectual jurídico do profissional.

§ 5º

§ 5º Denega-se o mandado de segurança nos casos previstos pelo art. 267 da Lei n. 5.869, de 11 de janeiro de 1973 — Código de Processo Civil.

―――――――― Comentários ――――――――

37. Do termo denegar

O art. 267 do Código de Processo Civil enumera os casos em que haverá a extinção do processo sem resolução do mérito. O que significa que houve óbice a que se iniciasse a análise meritória, do que resultou que não houve a prestação jurisdicional. O parágrafo tem início com a expressão "Denega-se o mandado de segurança". As expressões "conceder-se" e "denegar-se" a segurança diz respeito à análise meritória do *writ*. Isto é, o juiz em primeiro grau ou o colegiado no tribunal, presentes todos os pressupostos processuais e todas as condições da ação e ausentes quaisquer óbices que pudessem impedir a análise ou o julgamento da segurança, analisa o mérito e concede, ou denega, o *writ*. Isso significa que a expressão utilizada "denega-se" não está correta face à terminologia jurídica. A denegação este em consonância com o art. 269 do Código de Processo Civil que cuida da extinção do processo com a resolução do mérito. Não deixa de ser lamentável que o Congresso Nacional cometa esse tipo de erro, depois de o Projeto--lei passar por inúmeras comissões e ser votado pelo Plenário.

§ 6º

§ 6º O pedido de mandado de segurança poderá ser renovado dentro do prazo decadencial, se a decisão denegatória não lhe houver apreciado o mérito.

Comentários

37.1. Da renovação da segurança

O parágrafo comete o mesmo erro terminológico do parágrafo anterior ao falar em "decisão denegatória".

O fato de o *writ* haver sido indeferido (não denegado), por ausência de um ou alguns requisitos de admissibilidade (pressupostos processuais, condições da ação), não impedirá que o pedido de segurança seja renovado, desde que dentro do prazo de 120 (cento e vinte) dias da edição do ato impugnado. A ausência daqueles requisitos determina a extinção do processo sem resolução do mérito. Como vimos pelo próprio parágrafo, a decadência será fato impeditivo da renovação, porquanto diz respeito ao próprio mérito. Nesse caso, o processo foi extinto com a resolução do mérito.

Entretanto, o parágrafo 6º não é totalmente verdadeiro ao afirmar que, dentro do prazo decadencial, a segurança poderá ser renovada. Existem hipóteses em que a repetição será impossível. É o caso em que a denegação da segurança teve por suporte a ausência ou a insuficiência de prova. Neste caso, o mérito foi analisado (extinção com julgamento do mérito) e julgado concluindo pela denegação. Por ter havido a apreciação meritória, não haverá a possibilidade de novo julgamento (art. 471, CPC). Apenas não haverá a formação de coisa julgada propiciando que o impetrante discuta a matéria por meio de ação ordinária em que será oportunizada intensa instrução probatória.

Art. 7º

Art. 7º Ao despachar a inicial, o juiz ordenará:

I — que se notifique o coator do conteúdo da petição inicial, enviando-lhe a segunda via apresentada com as cópias dos documentos, a fim de que, no prazo de 10 (dez) dias, preste as informações;

II — que dê ciência do feito ao órgão de representação judicial da pessoa jurídica interessada, enviando-lhe cópia da inicial sem documentos, para que, querendo, ingresse no feito;

III — que se suspenda o ato que deu motivo ao pedido, quando houver fundamento relevante e do ato impugnado puder resultar a ineficácia da medida, caso seja finalmente deferida, sendo facultado exigir do impetrante caução, fiança ou depósito, com o objetivo de assegurar o ressarcimento à pessoa jurídica.

§ 1º Da decisão do juiz de primeiro grau que conceder ou denegar a liminar caberá agravo de instrumento, observado o disposto na Lei n. 5.869, de 11 de janeiro de 1973 — Código de Processo Civil.

§ 2º Não será concedida medida liminar que tenha por objeto a compensação de créditos tributários, a entrega de mercadorias e bens provenientes do exterior, a reclassificação ou equiparação de servidores públicos e a concessão de aumento ou a extensão de vantagens ou pagamento de qualquer natureza.

§ 3º Os efeitos da medida liminar, salvo se revogada ou cassada, persistirão até a prolação da sentença.

§ 4º Deferida a medida liminar, o processo terá prioridade para julgamento.

§ 5º As vedações relacionadas com a concessão de liminares previstas neste artigo se estendem à tutela antecipada a que se referem os arts. 273 e 461 da Lei n. 5.869, de 11 de janeiro de 1973 — Código de Processo Civil.

Inciso I

I — que se notifique o coator do conteúdo da petição inicial, enviando-lhe a segunda via apresentada com as cópias dos documentos, a fim de que, no prazo de 10 (dez) dias, preste as informações.

Comentários

38. Da notificação

De posse da petição inicial e presentes os requisitos de admissibilidade (pressupostos processuais e condições da ação), o juiz despachará. Ao despachar, ordenará que se notifique a autoridade dita coatora, ocasião em que também lhe será entregue a cópia da inicial instruída com cópias de todos os documentos que instruíram o pedido inicial. A notificação, se urgente, deverá ser feita pelo meio mais rápido possível (art. 4º). Quando a autoridade indicada é juiz de primeiro grau e a Vara está situada na mesma comarca, a comunicação de concessão de liminar poderá ser feita por telefone, seguindo a notificação com cópias da inicial e documentos, por mensageiro. Embora a nova lei repita a Lei n. 1.533/51, ao usar o termo "notificação", cuida-se de "citação", já que a chamada é para que a autoridade indicada como coatora venha integrar a relação processual. Ao mesmo tempo em que prestar informações a autoridade irá produzir a sua defesa. O ofício citatório deverá ser juntado aos autos em cópia autêntica com a prova da entrega ou da recusa da autoridade, posto que daí fluirá o prazo de 10 (dez) dias.

39. Das informações

O prazo para a autoridade apresentar as informações é de 10 (dez) dias (inciso I) (Lei n. 4.348/64 — revogada); prazo que antes era de 15 (quinze) dias e terá início no dia seguinte, se dia útil (art. 184, CPC), à notificação. A partir daí, fluirá o prazo para que prestar informações e para se defender. Existe na doutrina entendimento no sentido de que o prazo deve ter início no dia seguinte à juntada aos autos da cópia devidamente recebida ou da justificativa quando houver recusa (BUENO, Cássio Scarpinella. *Mandado de segurança:* Comentários. 4. ed. São Paulo: Saraiva, 2008. p. 83). Embora a posição seja atraente do ponto de vista da autoridade que teria mais tempo para produzir as informações e a defesa, de conformidade com o princípio da utilidade de prazo, devem ser aplicadas as regras do art. 184, CPC, *id est*, a contagem é desatrelada no dia seguinte àquele em que a autoridade tomou conhecimento, desde que seja dia útil.

Como em qualquer ação, poderá invocar exceções ou preliminares de ausência de pressupostos processuais específicos e especiais, de condições da ação, de nulidade, notificação em desconformidade com os preceitos legais, incompetência absoluta, inépcia, decadência, coisa julgada por haver sido julgado mandado idêntico, litispendência, por estar em trâmite idêntico mandado, litisconsorte necessário, ou que a indicação da autoridade coatora não foi correta. É aconselhável que as informações prestadas pela autoridade sejam assinadas por ela e por advogado. Os enfoques defensórios, sobre preliminares, sobre exceções e sobre mérito, devem ser assinados por advogado.

De conformidade com regras do Código de 1939, anteriores, pois, à Lei n. 1.533/51 (revogada), notificava-se a autoridade dita coatora para prestar informações e citava-se a pessoa jurídica à qual pertencia a autoridade. Essa determinação foi suprimida pela Lei n. 1.533/51, que passou a notificar apenas a autoridade coatora. A nova lei retorna ao direcionamento do Código de 1939 e exige a citação da pessoa jurídica a qual a autoridade integre (art. 6º). A pessoa jurídica funcionará na qualidade de assistente (arts. 50 e 52, CPC). O art. 3º, da Lei n. 4.348/64 (revogada) comandava que, ao receber a notificação, fosse remetida cópia da notificação e das informações ao Ministério Público ou ao órgão a que se achasse subordinada a autoridade que a recebesse, e ao advogado geral da União ou do Estado, ou ao Procurador Geral da República ou a quem tivesse representação da entidade coatora para a necessária defesa. Referida Lei n. 4.348/64 foi revogada expressamente pela nova lei sob comento.

Temos na doutrina de José da Silva Pacheco que, além das informações, poderá haver a defesa paralela. Todavia, mais acertado é que as informações integrem uma peça de defesa (*Mandado de segurança e outras ações constitucionais típicas*. São Paulo: RT, 1990. p. 177).

Havia no passado uma certa resistência da doutrina e da jurisprudência no sentido de que a autoridade dita coatora somente poderia apresentar as informações sobre o ato impugnado. O entendimento era sem nexo e não tinha pé na razoabi-lidade. Não tem sentido que a autoridade notificada (citada) somente apresente informações quando o *mandamus* está eivado de irregularidades processuais, *v. g.*, não atenda aos pressupostos de admissibilidade (pressupostos processuais, condições da ação, autoridade coatora indicada erradamente, etc). A peça informativa deve conter as informações fáticas que foram objeto do *writ*, bem como deve fazer a defesa processual e de mérito. Com isso, ganha-se tempo. Imagine-se um *mandamus* impetrado fora do prazo de 120 (cento e vinte) dias (prazo decadencial). Tivemos conhecimento, durante a nossa prática judicante, de caso de mandado impetrado fora do prazo e que o relator no tribunal concedera liminar e, por ocasião do julgamento, a segurança fora negada. Evidente que o erro fora do relator que, açodadamente, examinara o pedido liminar sem antes verificar a existência dos pressupostos de admissibilidade do mandado. Todavia, se a autoridade houvesse chamado a atenção para o fato decadencial ao enviar as informações, possivelmente o relator não houvesse cometido a erronia.

40. Dos documentos

A exemplo do que ocorre com a petição inicial em que os documentos deverão, desde logo, instruir a ação, a autoridade dita coatora deverá carrear para os autos prova documental que contrarie o alegado pelo impetrante. Na hipótese em que o documento necessário à prova do alegado se encontrar em repartição ou estabelecimento público, ou em poder de autoridade que recuse fornecê-lo por certidão, o juiz ordenará preliminarmente, por ofício, a exibição desse documento em original ou em cópia autêntica e marcará o prazo de 10 (dez) dias para o cumprimento. Se a autoridade que houver procedido dessa maneira for a própria coatora, a ordem far-se-á no próprio documento de notificação. As cópias dos documentos juntados com a inicial dispensam autenticação, mas devem ser rubricadas pelo advogado do impetrante que responde pela exatidão dos mesmos (MEIRELLES, Hely Lopes. *Mandado de segurança*. p. 48).

41. Da ausência de informações e das consequências

Como vimos, pelo inciso sob comento, a autoridade tem 10 (dez) dias para apresentar as informações e a defesa. A lei nova repete aqui o art. 7º da Lei n. 1.533/64 (revogada). Pergunta que surge: se a autoridade dita coatora não prestar as informações no prazo de 10 (dez) dias, a qual tem também a conotação de defesa, sofrerá as consequências da revelia e da confissão nos moldes do art. 319 do Código de Processo Civil? Neste ponto, a doutrina ainda se divide. Para Celso Agrícola Barbi (*Do mandado*. p. 146-147), a não apresentação de defesa no prazo legal não deve ser considerado como confissão ficta. Já para Othon Sidou (*Do mandado de segurança*. São Paulo: RT, 1969. p. 179), a autoridade apontada como coatora que descumpre o pedido de informação, em mandado de segurança, deixando de acudir, implicitamente, ao chamamento a juízo, torna-se revel na melhor conceituação, arrastando a entidade de Direito Público as consequências patrimoniais acaso decorrentes da sua contumácia. Para Hely Lopes Meirelles (*Mandado...* p.24), a omissão das informações pode importar em confissão ficta dos fatos arguidos na inicial, se a isso autorizar a prova oferecida pelo impetrante. Por outro lado, as informações merecem credibilidade até prova em contrário, dada a presunção de legitimidade dos atos de administração e da palavra de seus agentes.

Discordamos de Sidou pelos motivos que seguem. O mandado de segurança tem embasamento em Direito Público, tão somente, se o direito for privado ou patrimonial, não tem cabimento o *writ*. O mandado de segurança é uma ação atípica, onde não existe réu. As informações, ainda que híbrida com possibilidade de defesa, não podem ser consideradas como verdadeira defesa para o efeito de revelia. Ainda que, numa interpretação apertada, se pudesse considerar as informações verdadeira defesa, a ausência configuraria a revelia, não a confissão (art. 320, II, CPC). Por outro lado, a revelia abriria uma porta larga para a corrupção, a autoridade mancomunada com o impetrante simplesmente se tornava revel impondo ao poder público ao qual pertence as consequências patrimoniais. É verdade que poderá o poder público, em caso de dolo, usar da ação regressiva. Finalmente, não se pode relegar ao oblívio que os cargos públicos são ocupados, na sua quase totalidade, por políticos. E a moral política não é a mesma do homem comum. Discordamos também do mestre Lopes Meirelles, quando aceita a revelia, desde que a prova carreada pelo impetrante com a inicial autorizar. Não vemos razoabilidade em aceitar a revelia nessa hipótese. Se a prova juntada comprovar que a autoridade indicada está correta e que o ato impugnado é ilegal ou arbitrário, não haverá a necessidade de aplicar-se a confissão ficta. A ausência da revelia e da confissão apenas determina que o ônus probatório permaneça com o impetrante. Se os documentos juntados com a petição inicial já dão suporte às alegações do impetrante, a segurança deverá ser concedida. Caso contrário, mesmo sem as informações, a segurança não será concedida.

Para Ada Pellegrini Grinover (*Os princípios constitucionais e o Código de Processo Civil*. São Paulo: Bushatsky, p. 99), o Código de Processo Civil faz distinção entre "revelia" e seus efeitos. No caso de decretar-se a revelia da pessoa jurídica de direito público por ausência de informações/defesa do impetrado, deve-se, em regra, aplicar o disposto no inciso II do art. 320 do Código de Processo Civil. Nessa mesma esteira, decidiu a Excelsa Corte: "A revelia da ré, por falta ou apresentação a destempo das informações/defesa, não tem, evidentemente, o condão de gerar, em princípio, os efeitos do art. 319 do Código de Processo Civil (STF-MAS 77.531-SP, rel. Min. Aldir Passarinho, DJU 4.11.77, p. 7.736).

Temos, para nós, que a regra do Código de Processo Comum, no que concerne à revelia, não firma residência em mandado de segurança, onde as informações, embora sejam um misto de informação e de defesa, não tem a prestigiá-las aquele rigor que se impõe para as ações ordinárias. O art. 10 da Lei n. 1.533/51 (revogada) não cominava a revelia para a ausência de informações e a lei nova manteve-se silente a esta ótica.

Inciso II

II — que dê ciência do feito ao órgão de representação judicial da pessoa jurídica interessada, enviando-lhe cópia da inicial sem documentos, para que, querendo, ingresse no feito.

---Comentários---

42. Da pessoa jurídica interessada

Como vimos nos comentários retro, o Código de Processo Civil de 1939, antes do advento da Lei n. 1.533/51 (revogada), determinava expressamente a notificação da pessoa jurídica interessada à qual pertence a autoridade dita coatora. O legislador retorna à exigência anterior. O legislador deveria dizer expressamente qual seria a posição da pessoa jurídica interessada. Como não o fez, poderá levar a interpretações díspares. Verifica-se pelo próprio texto do inciso que a vinda ao processo não é obrigatória, dado que o legislador utilizou o termo "querendo". Sua vinda ao processo será na qualidade de "assistência qualificada ou litisconsorcial". A pessoa jurídica à qual se liga a autoridade dita coatora é quem analisará a necessidade ou não de acompanhar a lide na qualidade de assistente.

A assistência poderá ser simples ou adesiva e qualificada ou litisconsorcial. A simples ou adesiva tem presença quando está em litígio um "direito de terceiro, mas ele tem interesse na vitória do assistido, porque ela pode beneficiar outro direito do assistente. Esse outro direito do assistente, porém, não está em discussão na causa (Celso Agrícola Barbi exemplifica: Temos a demanda entre o credor e o devedor afiançado; o fiador, apesar de a fiança não estar sendo discutida, tem interesse na vitória do afiançado, porque, se reconhecida a existência da obrigação principal, desaparece a fiança, como obrigação acessória que é)" (*Comentários ao Código de Processo Civil*. Rio de Janeiro: Forense, t. I, v. I, p. 290).

A qualificada ou litisconsorcial faz presença quando a intervenção do terceiro se justifica, porque o direito em litígio é do assistido, mas também do assistente, o qual tem legitimação para discuti-lo sozinho ou em litisconsórcio com outros titulares dele. Barbi exemplifica: "Temos a demanda proposta por condômino de um imóvel para reivindicá-lo de quem o possua injustamente e na qual outro condômino pretende ser assistente. Nesse caso, o direito que se discute contra o réu é do autor, mas também do assistente. Poderia ele ser proposta a aludida ação sozinho ou em litisconsórcio com os demais condôminos, porque a lei lhe dá legitimação para isso. Como o terceiro, nesse caso, é também cotitular do direito em debate e poderia litigar como parte inicialmente, dá-se a essa assistência o nome de litisconsorcial e o assistente tem posição de litisconsorte (*Comentários...* p. 290).

A Lei n. 533/51 (revogada), art. 19, mencionava litisconsorte. Sempre se entendeu que o assistente era litisconsorcial.

43. Do litisconsorte necessário

O art. 24 da nova Lei repete o art. 19 da Lei n. 1.533/51 (revogada) de forma mais didática ao indicar expressamente os arts. 47 a 49 do CPC. Por questão de ordem didática, enfrentamos, nesta oportunidade, o tema que diz respeito ao litisconsorte necessário, cuja citação deve ser requerida pelo impetrante ou feita de ofício pelo juiz, dadas as consequências danosas que poderão acarretar. A rigor processual, cabe ao impetrante requerer ao juiz, ou ao relator, a citação do litisconsórcio necessário, sob pena de extinção do *mandamus*, como já determinava a Súmula n. 145 do extinto Tribunal Federal de Recursos. Na verdade, quem tem conhecimento da existência do terceiro interessado é o impetrante, o juiz, nem sempre.

Considera-se intuitivo que, toda vez que alguém ingressa com mandado de segurança ou consiga uma liminar, esse ato poderá ser prejudicial diretamente a alguém, pessoa física ou jurídica, órgão despersonalizado etc. O exemplo mais comum tem sede durante a execução, quando um despacho do juiz executor é revisto pela via do mandado e prejudica diretamente o exequente ou o executado. Por isso, sempre que um ato é discutido pela via do *writ* e traz, imediatamente, ou poderá trazer prejuízo a uma das partes na demanda, esta parte que é imediatamente prejudicada ou que poderá sê-lo deverá ser chamada a participar da segurança na qualidade de litisconsorte necessário no polo passivo com possibilidade de defender os seus interesses. Deve o impetrante requerer ao juiz que seja notificada (citada) a parte a quem a segurança poderá causar prejuízo para que ocupe posição na qualidade de litisconsorte necessário. O chamamento é obrigatório, já que a ausência poderá determinar a nulidade do julgamento. Ensina Celso Agrícola Barbi que, "se o impetrante não pedir a notificação (citação), poderá o juiz determiná-lo, na forma do art. 47 do CPC. A Lei n. 1.533/51 (revogada) cuida da matéria no seu art. 19, com a nova redação dada pela Lei n. 6.071, de 3.3.74" (*Do mandado*. p. 104). Essa lei, como vimos, foi revogada. Dizemos nós, o juiz deverá e não poderá, posto que a consequência do não chamamento é a nulidade, isso se não optar pela extinção do mandado sem resolução do mérito. No mesmo sentido, Lopes Meirelles: "O não chamamento de litisconsorte passivo necessário nos autos acarreta a nulidade do julgamento, e essa nulidade pode ser arguída e reconhecida até mesmo em recurso extraordinário manifestado pelo terceiro prejudicado, no prazo comum para as partes." Ver no mesmo sentido: STF, RTJ 31/238, 57/859, 88/890, RT 517/227. "Se o ato impugnado conferiu direito subjetivo em favor de terceiro, este há de ser citado para integrar a lide, como parte passiva. Pois a decisão a ser proferida diz diretamente com a sua situação jurídica, e, assim, não é lícito impedir que participe o terceiro do devido processo legal, omitindo seu chamamento a juízo, a fim de se defender. Inteligência do art. 19 da Lei n. 1.533, de 31.12.51, com redação da Lei n. 6.071, de 3.7.74, e o art. 47 do CPC" (Ac. STF, 2ª T., rel. Min. Cordeiro Guerra. Nesse mesmo sentido, doutrina Pontes de Miranda (*Tratado das ações rescisórias*. 4. ed. Rio de Janeiro: Forense, 1964. p. 149). Na mesma linha de entendimento, trilha Antônio de Pádua Ribeiro: "Outro ponto importante a salientar é que todo aquele que for atingido pela possível concessão da segurança há de integrar a lide como litisconsorte necessário (Lei n. 1.533/51, art. 19, CPC, art. 47)." Trata-se, em regra, de litisconsórcio necessário unitário. A tendência, aliás, é no sentido de que, toda vez que a concessão da segurança implicar na modificação da posição jurídica de outras pessoas, diretamente beneficiadas pelo ato impugnado, haverá litisconsórcio necessário e a sentença não poderá ser dada sem que esses terceiros sejam citados como parte passiva na ação. A respeito, o antigo Tribunal Federal de Recursos aprovou a Súmula n. 145, segundo a qual "extingue-se o processo de mandado de segurança, se o autor não promover, no prazo assinado, a citação do litisconsórcio necessário" (Mandado de segurança: alguns aspectos atuais. In: TEIXEIRA, Sálvio de Figueiredo (coord.). *Mandado de segurança e de injunção*. São Paulo: Saraiva, 1990. p. 155).

Inciso III

III — que se suspenda o ato que deu motivo ao pedido, quando houver fundamento relevante e do ato impugnado puder resultar a ineficácia da medida, caso seja finalmente deferida, sendo facultado exigir do impetrante caução, fiança ou depósito, com o objetivo de assegurar o ressarcimento à pessoa jurídica.

---------- Comentários ----------

44. Da suspensão do ato

O inciso sob comento corresponde ao inciso II, do art. 7º da Lei n. 1.533/51 (revogada). O inciso revogado tinha uma redação sucinta, já a redação atual substituiu a expressão "caso seja deferida" por "caso seja finalmente deferida". O termo finalmente era desnecessário. Todavia, foi acrescentado: "sendo facultado exigir do impetrante caução, fiança ou depósito, com o objetivo de assegurar o ressarcimento à pessoa jurídica."

A suspensão do ato como providência necessária a evitar a ineficácia do julgamento era e continua sendo ato a ser tomado pelo juiz de ofício, caso o impetrante não o requeira a suspensão em liminar. O juiz (primeiro grau) ou o relator (segundo grau ou grau superior) deverá analisar o pedido e respectivos documentos, tão logo receba os autos do processo. Se tiver dúvida, deve aguardar as informações da autoridade dita coatora. De posse dos argumentos do impetrante e do impetrado, estará em condições de resolver sobre a concessão, ou não, da liminar requerida. Entretanto, mesmo não havendo pedido de liminar, o juiz poderá decidir pela suspensão do ato comissivo, caso conclua que, sem a suspensão do ato, a concessão da segurança a final resultar em ineficácia. A possibilidade de agir de ofício está diretamente ligada à obrigação funcional de preservação do direito. O princípio dispositivo é neutralizado por um valor maior que é do interesse do Estado, qual seja a preservação de um direito afrontado. Em se tratando de ato omissivo, deverá o juiz ter um cuidado maior, uma vez que a concessão de liminar ou a determinação de ofício para que o ato seja produzido poderá trazer consequências inesperadas, caso a segurança não venha a ser concedida, posto que a produção do ato comissivo esgota o próprio mérito.

44.1. Do ato omissivo

Cuida-se de ato em que a autoridade se nega a praticá-lo, configurando o comportamento omissivo de autoridade pública. Daí, o cuidado que deverá ter o juiz ao analisar o pedido de liminar ou mesmo em determinar a produção do ato de ofício, posto que concedendo ou agindo de ofício estará esvaziando o próprio mérito da segurança. Sobre o tema, lembra Carmem Lúcia Antunes Rocha que, em se tratando de ato omissivo do Poder Público, o seu provimento judicial contido em liminar concedida nesta ação bastem ao resultado útil buscado pelo impetrante. Em regra, este não seria o caso de mandado de segurança, porquanto o conhecimento dos fatos subsumidos ao direito líquido e certo alegado, cujo conhecimento ocorre em fase própria e posterior ao momento inicial do processo. Torna-se certo que não se teria, aqui, uma antecipação do pedido, mas a sua entrega imediata sem a necessidade de ação, o que, à evidência, não atende à finalidade da ação constitucional, que é de conferir segurança a um direito sem ameaça ou lesão a direito da pessoa que será parte passiva do processo (FIGUEIREDO, Sálvio de. (Coord.). *A liminar no mandado de segurança*. p. 207).

44.2. Do ato comissivo

O ato comissivo está diretamente ligado à atividade da autoridade, isto é, trata-se de um ato produzido pela autoridade que poderá desrespeitar o direito de terceiro. O ato de autoridade não pode ser contrário à lei nem desrespeitar direitos de outrem. Se, ao desrespeitar direitos, causar prejuízos a terceiro ou houver a possibilidade de fazê-lo, dará margem à impetração da segurança. Essa espécie de ato pressupõe um *facere* da autoridade. É no ato comissivo que a liminar tem aplicação plena, sem as restrições próprias do ato omissivo, que a concessão indiscriminada poderá esvaziar o próprio mérito. Essa particularidade levou o insigne Ministro do Supremo Tribunal Castro Nunes a fazer a afirmação de que "a liminar pressupõe ato comissivo de autoridade" (*Mandado de segurança*. 7. ed. Rio de Janeiro: Forense, 1967), isto é, a regra geral está contida nos atos comissivos, sendo o ato omissivo exceção à concessão, uma vez que a liminar concedida a pedido da parte ou de ofício pelo juiz esgota o próprio mérito. Pontifica José da Silva Pacheco que não só os atos comissivos, mas também os omissivos podem ser ilegais ou abusivos e, desse modo, lesar direito líquido e certo de outrem o constituir ameaça de lesão (*Mandado de segurança e outras ações constitucionais típicas*. São Paulo: RT, 1990. p. 121). A ilegalidade ou o abuso de poder são fatores que poderão ser encontrados em atos de autoridade sejam comissivos, sejam omissivos. Cabe ao julgador, em cada caso, ter a sensibilidade para aferir sobre a existência, ou não, de tais defeitos. O administrador público está sujeito aos princípios da legalidade, da impessoalidade, da moralidade e da finalidade. Na administração pública, não há lugar para fazer valer a vontade pessoal do administrador. A administração existe em função do administrado que paga os seus impostos e que paga o salário de autoridades. Enquanto o particular pode praticar todo e qualquer ato que a lei não proíbe (art. 5º, II, CF), a autoridade só poderá praticar ato nos moldes autorizados pela lei. O caminho no ato vinculado e no ato discricionário está previamente demarcado. No primeiro, a lei determina um procedimento, enquanto no ato discricionário a lei permite alternativas, podendo o administrador escolher o melhor caminho indicado pelo seu senso de oportunidade e de conveniência. Não há lugar, nunca, para o ato arbitrário.

45. Da faculdade do juiz para exigir caução, fiança ou depósito

A iniciativa legal de facultar ao juiz a exigência de caução, de fiança ou de depósito, antes de deferir liminar, não foi de boa inspiração, mesmo porque, sequer foram fixados critérios. Para bem compreendermos o inciso III sob comento, é necessário que se divida-o em duas partes. A primeira parte determina:

que se suspenda o ato que deu motivo ao pedido, quando houver fundamento relevante e do ato impugnado puder resultar a ineficácia da medida, caso seja finalmente deferido...

Tem-se, aí, um comando imperativo do legislador ao juiz. Vale dizer, o ato que deu motivo ao pedido deverá ser suspenso se houver motivo relevante do ato impugnado e se este puder resultar na ineficácia da medida, caso seja finalmente deferido o pedido. Esse comando está diretamente vinculado ao poder estatal de jurisdição. O Estado tem o dever de proteger o direito do impetrante. A decisão que vier a ser proferida em sede de mandado de segurança não pode ser mera figura decorativa ou mera figura de retórica. Assim, apresentando-se as hipóteses de relevância e possibilidade de prejuízo imediato ou em potencial da parte de difícil ou de impossível reparação, o juiz deverá (não é poderá) conceder medida liminar de ofício. O dever do Poder Judiciário não é apenas o de declarar o direito abstrato do impetrante por meio de um comando sentencial condenatório; deverá, também, tornar concreto o comando abstrato, pois só assim comporá a lide. Daí o comando normativo imperativo da primeira parte do inciso III.

O comando imperativo que acabamos de analisar não guarda coerência com a segunda parte do inciso:

> sendo facultado exigir do impetrante caução, fiança ou depósito, com o objetivo de assegurar o ressarcimento à pessoa jurídica.

A concessão de liminar poderá ter por fato gerador a iniciativa do próprio juiz ou relator e a iniciativa do impetrante. Na primeira hipótese, que diz respeito à iniciativa do juiz em obediência a um comando imperativo da norma, o impetrante não tem qualquer participação no ato. Logo, não vemos como pode o juiz exigir qualquer garantia do impetrante. Cabe tão somente ao juiz ou relator analisar criteriosamente o pedido inicial e as informações prestadas e concluir se existem fundamentos relevantes e se é caso, ou não, de concessão da liminar.

Temos na segunda hipótese o pedido de liminar pela impetrante. Também, aqui, persiste uma certa incoerência. Todos sabemos que a concessão de liminar não é benesse que o juiz concede ou nega. Não. Se os elementos dos autos são no sentido de que a liminar deve ser concedida, o juiz não poderá deixar de fazê-lo; se, ao contrário, os elementos que afloram dos autos é no sentido de que não existe motivo relevante ou possibilidade de prejuízo imediato ou em potencial, a liminar não poderá ser concedida. Temos, assim, que a parte apenas pede, mas cabe ao juiz, dentro do seu douto critério, conceder, ou não, a liminar. A concessão significa a existência de fatores relevantes; a negativa significa a ausência de tais fatores. Não vemos, do ponto de vista lógico, a possibilidade de exigir garantia.

Entretanto, trilhando pelos princípios de hermenêutica, é de se concluir que a lei nova teve por objetivo ser melhor do que a lei revogada (Lei n. 1.533/51) e que não existem na lei palavras ociosas. Como em ambas as hipóteses analisadas a concessão de liminar pressupõe a análise criteriosa do juiz, o que afastaria a possibilidade de exigência de garantia, forçoso concluir que a segunda parte do inciso tem por escopo regular os casos de exceção, ou seja, aqueles casos em que o juiz não consegue firmar convicção da necessidade de conceder, ou não, a liminar, ou no caso de fato omissivo da autoridade, caso em que a concessão esvazia o próprio mérito.

45.1. Da interpretação literal do inciso III

O inciso III não pode ser interpretado na sua literalidade, pois levaria à errônea conclusão de que o juiz ou relator poderia exigir a garantia antes de conceder a liminar, qualquer que fosse a hipótese, concedida de ofício ou a requerimento do juiz. Interpretação nesse sentido transformaria o mandado de segurança em remédio processual elitista e a consequência seria a neutralização do seu uso e criaria óbice à prestação jurisdicional. O Estado tem o dever de dar a prestação jurisdicional sempre que chamado para resolver conflito de interesses.

O inciso foi mal inspirado. E pior. O legislador dá provas de que não domina a matéria e raciocinou como se todas as liminares tivessem de ser requeridas pelo impetrante e o juiz, dentro do seu douto critério, pudesse neutralizar a lei e deixar de conceder a liminar, ainda quando verificasse que essa fosse necessária. Misturou-se o patrimonial com o jurídico e deu o *embroglio*.

45.2. Do valor a ser fixado

Em se apresentando a hipótese de excepcionalidade para a concessão da medida liminar, o valor da garantia deverá ser fixado em valor contido na razoabilidade. Toda lei que impedir ou que criar óbice para a entrega da prestação jurisdicional estará eivada de inconstitucionalidade. A prática diária do emprego da nova lei indicará a tendência a ser adotada pelos juízes que deverá ser a da razoabilidade.

45.3. Da justiça gratuita e a garantia

O impetrante beneficiado pela justiça gratuita não estará sujeito à garantia por intermédio de caução, fiança ou depósito em pecúnia. Se a sua situação econômica e financeira não permite que o impetrante corra os riscos do processo sem que isso tenha influência deletéria no sustento próprio e da família, também não poderá ser obrigado a formar a garantia. A exigência pelo juízo seria arbitrária.

45.4. Da garantia no processo do trabalho

Como regra, em se tratando de trabalhador ligado à empresa por vínculo de emprego, surge aí a figura do hipossuficiente. Com o advento da EC n. 45/04 e a modificação do art. 114, da Constituição Federal, a Justiça do Trabalho tornou-se híbrida e competente para toda e qualquer relação de trabalho. A exceção de que falamos para a exigência da garantia poderá surgir em algum momento.

§ 1º

§ 1º Da decisão do juiz de primeiro grau que conceder ou denegar a liminar caberá agravo de instrumento, observado o disposto na Lei n. 5.869, de 11 de janeiro de 1973 — Código de Processo Civil.

---------- Comentários ----------

46. Do recurso de agravo de instrumento

A possibilidade de a parte que se sentir prejudicada com a concessão ou com a negativa de medida liminar recorrer deve ser recebida como uma medida salutar a muito tempo esperada, praticamente, por todos os advogados. Até o advento da nova lei, a concessão, ou não, de liminar pelo juiz ou pelo relator tinha a natureza jurídica de ato discricionário e, portanto, irrecorrível. Certamente, muitas injustiças foram perpetradas, quer concedendo, quer negando a concessão. Em certos casos, a concessão ou a negativa tem resultados deletérios e irreversíveis. Na prática judicante, são muitos os exemplos em que a liminar é concedida ou negada sem maiores critérios. Embora não seja essa a regra geral, a exceção é volumosa e preocupante. Não se pode partir da premissa romântica de que o juiz não erra ao conceder ou negar uma liminar. Não vai, aqui, nenhum desdouro à nobre classe à qual pertenci por cerca de três décadas, por ser o erro próprio da natureza humana. Nenhum juiz está livre de cometer erro ou mesmo ser acometido pela idiossincrasia. Como vimos no item 45, a concessão, ou não, de liminar não pode ser entendida como benesse do juiz às partes. A prática, que se avoluma, de conceder-se ou de negar-se liminar com fundamento no gastado chavão presentes ou ausentes o *fumus boni iuris* e o *periculum in mora*, dito sem análise mais rigorosa, com suporte apenas *ad cautelam*, deve ser evitada ou mesmo banida. O fato de a medida, quando concedida, poder ser cassada pelo juiz ou relator, não autoriza o procedimento comodista e que tem como consequência a proliferação de liminares. O poder dado ao juiz como representante do Estado na prestação jurisdicional de conceder ou denegar liminares não tem natureza discricionária. A concessão ou negativa não traduz simples ato de querer do magistrado, deve estar respaldada em elementos objetivos formadores da convicção para conceder ou para negar. É verdade que a subjetividade existirá sempre e ela se exterioriza por ocasião da análise dos elementos objetivos apresentados pelo impetrante e pelo impetrado. Em certos casos, é desaconselhável a concessão ou a negativa sem que o impetrado apresente as suas informações (informações/defesa). Se a análise levar à convicção de que a liminar deve ser concedida, o magistrado não poderá negá-la; se, ao contrário, a convicção firmar-se pela negativa, não poderá concedê-la. Cuidado especial deverá ter em se tratando de fato omissivo, pois a concessão esgotará o próprio mérito; todavia, a não concessão, em determinados casos, poderá decretar a perda do direito. O § 1º sob comento direciona, expressamente, para o Código de Processo Civil. Assim, se o *writ* for impetrado na jurisdição comum estadual ou federal, remete-se ao arts. 522 e seguintes. O prazo será de 10 (dez) dias para interpor o agravo e para contraminutar.

46.1. Do processo do trabalho e a possibilidade de recorrer

O legislador federal, quando legisla sobre processo ou sobre lei especial, como é o caso do novo mandado de segurança, não raciocina em termos de processo trabalhista e, com esse descaso, dificulta o desenvolvimento instrumental no âmbito do Direito do Trabalho. Tem-se a impressão que existe uma inapetência crônica do Congresso Nacional a esta parte. Nas últimas quatro décadas, pouco se legislou em processo do trabalho. Além da Lei n. 5.584/70, tivemos a Lei n. 8.958/00 que criou as Comissões de Conciliação Prévia, neutralizada pelo Supremo Tribunal, sob o argumento de não ser obrigatória; e a Lei n. 9.957/00 que criou o procedimento sumaríssimo. Depois disso, algumas providências pontuais, como o arts. 836, 877-A, 880, 882, 884, 894, 895, 896, 897-A, da CLT etc.

É de notório conhecimento que o Direito do trabalho não é dotado de um Direito Processual autônomo. As normas processuais específicas contidas na CLT e nas leis esparsas são de indigência franciscana. Daí a necessidade da busca subsidiária autorizada pelos arts. 8º, 769 e 889, CLT. Além disso, o processo do trabalho é dotado de inúmeras peculiaridades que o caracterizam e que o diferenciam do processo comum. Citaremos duas peculiaridades básicas para o desenvolvimento deste estudo: a) a irrecorribilidade das decisões interlocutórias e b) o núcleo operacional restrito do agravo de instrumento.

Em função da irrecorribilidade das decisões interlocutórias, o núcleo operacional do agravo de instrumento, por consequência, está restrito apenas a desatrelar recursos não processados em todas as jurisdições trabalhistas (art. 897, *b*, CLT). Se raciocinarmos em termos de processo do trabalho, não haveria possibilidade de recorrer da liminar concedida ou negada em primeiro grau, por dois motivos: primeiro, pelo fato de as interlocutórias serem irrecorríveis; segundo, a ausência de recurso próprio, já que o agravo de instrumento do cível não poderá ser utilizado, não sendo o caso de busca subsidiária. Todavia, o raciocínio a ser feito é outro.

O mandado de segurança é um remédio constitucional e processual civilista. É uma lei especial que concede ao impetrante ou ao impetrado a possibilidade de demonstrar o seu inconformismo pela via do agravo de instrumento. Não existe a possibilidade de cumprir-se a lei pela metade. Como adverte Nelson Nery Junior "o sistema jurídico tem de encontrar mecanismos idôneos para que haja efetividade de direito ou do seu exercício" (*CPC Comentado*. 2. ed. São Paulo: RT, p. 1.431).

Temos duas possibilidades para demonstrar o inconformismo com a concessão ou com a negativa de liminar em primeiro grau, já que no caso do *writ* não se aplicaria o princípio da irrecorribilidade, próprio do processo do trabalho. Seria a utilização do recurso ordinário ou do mandado de segurança. O primeiro fica, desde logo, descartado, não por não servir à finalidade, mas por não se conformar com a celeridade que deve existir na sede instrumentária do *mandamus*.

Restará, assim, apenas o mandado de segurança contra a concessão ou negativa de liminar. Não se trata aqui de transformar o mandado em recurso, mesmo porque, a discussão que se levará para o regional não será a de mérito da segurança interposta em primeiro grau, mas apenas para discutir a existência de base objetiva para conceder ou negar a liminar. Não deve causar espécie o fato de encilhar o mandado de segurança para discutir ato produzido em outro mandado.

Mirando-se por outra ótica, o uso da cautelar está descartado, posto que se trata de um remédio processual que não se imiscui no mérito, mas apenas previne para um futuro mérito e a liminar em sede de *mandamus* diz respeito ao próprio mérito. O que não se pode é cercear o direito de defesa do impetrado ou do impetrante. O julgamento deverá ser feito em 30 (trinta) dias (art. 12, parágrafo único).

Já no que diz respeito à liminar concedida por relator em mandado de segurança de competência originária das jurisdições *ad quem* (TRTs e TST), o recurso já faz parte dos Regimentos Internos desses tribunais na figura do agravo regimental, agora previsto no art. 16, parágrafo único da lei sob comento. Apenas, os tribunais deverão adequar os respectivos regimentos à nova Lei n. 12.016/09, posto que, até o seu advento, as liminares eram irrecorríveis.

46.2. Da tutela antecipada: omissão legislativa

O parágrafo primeiro do art. 7º fala expressamente em concessão ou negação de liminar. Não enfrenta o caso de concessão ou denegativa de tutela antecipada. O tema somente foi enfrentado para impor as mesmas restrições impostas para a liminar (§ 5º, art. 7º). Interessante notar que, em ambas as hipóteses, na concessão de liminar ou de tutela antecipada, adianta-se o próprio mérito. A tutela poderá ser concedida com base na verossimilhança, com a presença de "prova inequívoca" (art. 273, CPC). Na concessão da liminar, o juiz ou o relator vislumbra a presença do direito líquido e certo apoiado em "prova concreta", não apenas na verossimilhança. Em ambos os casos, há de existir uma razoável certeza e a liminar ou a tutela poderá ser cassada pelo magistrado se e quando for necessária a cassação dentro do seu douto critério.

O fato de a nova Lei de Segurança não se referir ao agravo de instrumento para o caso da tutela antecipada, a exemplo do que fez para a concessão ou negativa da liminar, deve ser creditado a um deslize do legislador. Quer a liminar, quer a tutela, são institutos com a mesma finalidade que se traduz no adiantamento do mérito discutido no *writ*. Todo e qualquer ato jurídico (decisão interlocutória) que possa causar prejuízo e que afronte direito de uma das partes, dá ensejo ao manejo da segurança. No caso, todavia, existe no cível o recurso do agravo de instrumento que deverá ser utilizado no caso da tutela (art. 522, CPC).

Sobre a tutela antecipada (ou liminar), comanda a Súmula n. 414 do TST, item II, que, no caso de concessão antes da sentença, cabe a impetração de segurança face à inexistência de recurso. Interessante notar que na redação do item II é colocada também a expressão "ou liminar", logo após a locução "tutela antecipada". O que levaria ao entendimento de que caberia mandado de segurança da concessão de liminar. Mas não é isso o que acontece na prática, em que a concessão de liminar em sede de *mandamus* tem a natureza jurídica de decisão meramente interlocutória contida no poder discricionário do juiz. Com o advento da nova lei de segurança, a Súmula n. 414 deve ser adequada para servir ao art. 7º, § 1º, também no caso de concessão de liminar ou de antecipação de tutela em mandado de segurança.

De conformidade com o item II, da Súmula n. 414, do TST, da não concessão da tutela antecipada, diferente do que a lei de segurança propicia para a liminar (§ 1º, art. 7º), não existe qualquer remédio processual para a espécie. Isso poderá levar a situações inusitadas. Suponha-se a hipótese em que é penhorado bem imóvel de um terceiro. Este comprova, por meio de embargos de terceiro, que é o proprietário do bem (exibe matrícula no CRI) e comprova que não tem nenhuma responsabilidade direta ou indireta na execução que é processada. Requer a concessão da tutela antecipada, a qual é negada pelo juízo primário. Acontece que o terceiro tem entabulado com a Caixa Econômica Federal a venda financiada do referido imóvel penhorado. Se tiver que aguardar que a situação se resolva (ou não) com o julgamento do agravo, ou de um futuro recurso de agravo de petição para o Regional, ou de revista para o TST (tema constitucional, garantia do direito de propriedade), ou mesmo do pronunciamento do STF, certamente perderá o negócio. Certamente, em sede trabalhista, poderá manejar o mandado de segurança para defender seus direitos. Na área civilista, como dissemos acima, poderá manejar o agravo de instrumento com suporte no art. 522, CPC, na omissão da Lei n. 12.016/09 (§ 1º, art. 7º). Repita-se: o sistema jurídico tem de encontrar meios idôneos e eficazes para garantir o direito e o seu exercício.

§ 2º

§2º Não será concedida medida liminar que tenha por objeto a compensação de créditos tributários, a entrega de mercadorias e bens provenientes do exterior, a reclassificação ou equiparação de servidores públicos e a concessão de aumento ou a extensão de vantagens ou pagamento de qualquer natureza.

―――――――――――――――――― Comentários ――――――――――――――――――

47. Das restrições

Este parágrafo foi clonado do art. 2º-B, da Lei n. 9.494/97. Mal copiado, o legislador esqueceu de acrescentar a parte final: "somente poderá ser executada após seu trânsito em julgado." Como veremos a seguir, a lei não pode proibir a função jurisdicional de conceder liminares e de promover a sua execução.

Trata-se de norma proibitiva com indicação taxativa das hipóteses em que a liminar não poderá ser concedida. São elas: 1) compensação de créditos tributários; 2) entrega de mercadorias e bens provenientes do exterior; 3) reclassificação ou equiparação de servidores e 4) a concessão de aumento ou a extensão de vantagens ou pagamento de qualquer natureza.

1) Da compensação de créditos tributários — Existe uma tendência de juízes de primeiro grau e de tribunais no sentido de autorizar a compensação, mormente, como com a aprovação da chamada "Pec do Calote" aprovada pela EC n. 62/09. Não teria sentido exigir o pagamento de débito tributário, quando o devedor tem crédito com o Poder Público, devedor inadimplente, cujo pagamento não sabe sequer quando será pago.

2) Da entrega de mercadorias e bens provenientes do exterior — Embora a lei especifique, não é qualquer bem ou mercadoria proveniente do exterior. Somente aqueles bens ou mercadorias com problemas alfandegários, v. g., em que a receita exige o recolhimento de impostos ou cuida-se de bens ou mercadorias contrabandeadas. Neste caso, trata-se de ato omissivo e a concessão da liminar esgota o próprio mérito. Evidente que se a receita negar-se a liberar sem que haja motivo ou o motivo alegado seja ilegal, a liminar poderá ser concedida.

3) Da reclassificação ou equiparação de servidores e a concessão de aumento ou a extensão de vantagens ou pagamento de qualquer natureza — Se a classificação feita pelo poder público foi de forma ilegal de maneira afrontosa à lei para a espécie, não haverá como proibir a concessão de liminar. O mesmo se diga quanto à equiparação (inciso XXXV, do art. 5º, da Constituição Federal). Nenhuma ilegalidade passará à calva do crivo jurisdicional. Entretanto, no que se refere à extensão de aumento ou de vantagens, desde que não tenha em seu cerne respaldo legal, a matéria está diretamente ligada ao regime orçamentário ao qual está ligado o poder público, não podendo o Judiciário atribuir a si o poder de conceder aumento ou o de legislar. Excepciona-se a hipótese determinada em Mandado de Injunção.

4) Do pagamento de qualquer natureza — A generalização não é boa conselheira. A expressão "qualquer natureza" está mal colocada e tem nuances de inconstitucionalidade. Se o poder público for condenado a pagar determinada verba a que se omitiu ou se foi concedida liminar nesse sentido, o pagamento da importância devida deverá ser devidamente corrigida e acrescida de juros.

Decidiu o Supremo Tribunal Federal (Processo STF, Ação Direta de Constitucionalidade 4-6, DOU 5.2.98, rel. Min. Sepúlveda Pertence que "o poder cautelar é inerente à Jurisdição, menos como proteção ao direito da parte do que como proteção à eficácia do processo, instrumento de função pública da jurisdição. É um poder absolutamente publicístico. É, o Poder Judiciário, o titular da jurisdição, como todo poder, destinado a atuar sobre a realidade, o que lhe traz, implicitamente, o poder de resguardar a eficácia futura do exercício legítimo do seu poder".

Não basta que a lei faça proibições para que vincule o poder jurisdicional do Estado e, em consequência, os juízes. A proibição do § 2º está eivado de inconstitucionalidade expressa. O poder jurisdicional do Estado tem de preservar o direito individual e coletivo. Nenhuma lei poderá proibir ou retirar do Estado-juiz o poder de dizer o direito no caso concreto. De tempos para cá, o Congresso Nacional, leniente com o Poder Executivo, vem legislando de forma restritiva ao arrepio do art. 5º, XXXV, CF. Nesse mesmo sentido restritivo, vigora a Lei n. 8.437/92, que cuida das proibições de medidas cautelares. Em comentando referida lei, Nelson Nery Junior adverte:

> Proibição legal de concessão de liminares pelo juiz. A Lei n. 8.437/92 1º *caput* proíbe a concessão de liminar contra atos do poder público em procedimentos cautelares ou outras ações de natureza cautelar ou preventiva, toda vez que providência semelhante não puder ser concedida em ações de mandado de segurança, em virtude de vedação legal. Primeiro, que a lei não pode impor vedações ou restrições ao MS, cujos limites decorrem exclusivamente do texto constitucional. Segundo, que a proibição aqui mencionada é ineficaz e inócua, porque se a situação de fato ensejar urgência na prestação jurisdicional, o juiz tem de conceder a liminar, haja ou não lei permitindo. Isto porque o sistema jurídico tem de encontrar mecanismos idôneos para que haja efetividade do direito ou de seu exercício, fazendo-o por meio de liminares *tout court*, dos *writs* constitucionais e das medidas cautelares (*CPC Comentado*. 2. ed. São Paulo: RT, p. 1.431).

47.1. De outras restrições

O § 3º, do art. 1º, da Lei n. 8.437/92 dispõe que "não será cabível medida liminar que esgote, no todo ou em parte, o objeto da ação". Temos aqui uma hipótese em que a realidade desdiz a lei. Toda liminar concedida contra ato omissivo esgota o objeto da ação. Haverá caso em que a concessão deve ser feita sob pena de a decisão concessiva da segurança tornar-se ineficaz (inciso III, do art. 7º, da nova lei). A restrição do parágrafo sob comento é desprestigiada pela própria realidade. A Lei n. 9.494/97 restringe o deferimento de tutela antecipada contra a Fazenda Pública.

47.2. Das liminares com objeto idêntico

De conformidade com o § 8º, do art. 4º, da Lei n. 8.437/92, as liminares cujo objeto seja idêntico poderão ser suspensas em uma única decisão, podendo o Presidente do Tribunal estender os efeitos da suspensão a liminares supervenientes, mediante simples aditamento do pedido original (acrescentado pela MP 2.180-35/2001). Dispõe o § 9º que a suspensão deferida pelo Presidente do Tribunal vigorará até o trânsito em julgado da decisão de mérito na ação principal (acrescentado pela MP 2.180-35/2001).

§ 3º

§ 3º Os efeitos da medida liminar, salvo se revogada ou cassada, persistirão até a prolação da sentença.

──────────────── Comentários ────────────────

48. Dos efeitos da liminar no tempo

O parágrafo acaba com uma discussão iniciada com a Lei n. 4.348/64 (revogada) que no § 1º, *b* estabelecia: "a medida liminar somente terá eficácia pelo prazo de 90 (noventa) dias a contar da data da respectiva concessão, prorrogável por 30 (trinta) dias quando provadamente o acúmulo de processos pendentes de julgamento justificar a prorrogação."

Não é necessário nenhum esforço intelectivo para sentir a erronia do legislador ao qual faltou um mínimo de sensibilidade e de raciocínio lógico. A famigerada lei carreava para o impetrante as consequências de ato sobre o qual não tinha nenhum domínio. Se o juiz ou o tribunal não efetuasse o julgamento do mandado de segurança no prazo de noventa dias, a liminar perdia o seu efeito; todavia, se o julgador comprovasse excesso de trabalho, poderia prorrogar a duração da liminar por mais trinta dias. Pergunta que todos faziam: que culpa processual tinha o impetrante se o julgador estava assoberbado de processos e não conseguia dar conta ou mesmo se o atraso se dava por pouca dedicação do magistrado? Casos havia em que a cassação da liminar determinava a perda do direito, isto é, a decisão concessiva prolatada, meses ou anos depois, tornava-se mera peça de ficção. Referida norma fora prova autêntica de que o legislador nem sempre raciocina com a lógica da realidade. Muitas vezes, como nesse caso, legisla fora da realidade, quando culpava o impetrante por ato omissivo do julgador, causado, quase sempre, pelo próprio Poder Executivo que não dá condições de funcionamento do Judiciário, sonegando verbas.

Com o advento do Código de Processo Civil atual, a doutrina e a jurisprudência se firmaram no sentido de que a liminar concedida prevalecia até o julgamento, excepcionado o caso em que fosse cassada (art. 807 e respectivo parágrafo único CPC).

O parágrafo sob comento nada mais fez do que normatizar o que já fora referendado pela doutrina e pela jurisprudência. Com esse procedimento, o legislador retomou o bom caminho do qual nunca devia ter saído, com atraso de quase cinco décadas. Não é difícil imaginar o prejuízo que causou aos jurisdicionados.

O parágrafo está em consonância com o inciso III, do art. 7º, que determina ao juiz agir de ofício, quando houver fundamento relevante e do ato impugnado puder resultar a ineficácia da decisão concessiva da segurança.

A Lei n. 1.533/51, revogada pela nova lei de segurança (Lei n. 12.016/09), já previa no art. 7º a liminar de ofício ao preceituar: "que se suspenda o ato que deu motivo ao pedido quando for relevante o fundamento e do ato impugnado puder resultar a ineficácia da medida, caso seja deferida". Vê-se que é, praticamente, a mesma redação, hoje, dada ao inciso III, art. 7º, da lei nova. O legislador de 1951 havia percebido a necessidade do magistrado agir de ofício. A Lei n. 4.348/64, editada em pleno regime militar, ao restringir a duração da medida liminar, concedida de ofício ou a requerimento da parte, obrara mal.

48.1. Da liminar de ofício

Embora não seja comum, nada impede, tudo aconselha, havendo, para tanto, respaldo legal, que, em certos casos, seja a liminar concedida de ofício. De nada valeria a concessão da segurança, quando o ato ilegal ou abusivo já se houvesse consumado e exercitado todos os seus reflexos danosos. Ter-se-ia uma sentença inexequível. Todavia, deve a parte, por meio do seu advogado, requerer sempre a concessão de liminar, se e quando for o caso, evitando correr riscos em face dos desencontros doutrinários (ver nossa obra *Mandado de segurança e controle jurisdicional e mandado de segurança coletivo*. 3. ed. São Paulo: RT, item 10.10, p. 309).

O direito à liminar (cf. Carmen Lúcia Antunes Rocha) no momento mesmo em que aqueles dois pressupostos legais (refere-se ao art. 7º, da Lei n. 1.533/51) apresentam-se de modo claro na ação, o que, a rigor, ocorre na oportunidade mesma da impetração do mandado de segurança. Daí porque a lei refere-se ao primeiro despacho, na peça exordial da ação, como sendo própria para a ordenação da suspensão liminar do cometimento público impugnado. Observa-se que nem faz a lei remissão ao pedido de liminar pelo impetrante como condição imprescindível à expedição da ordem, nem restringe a sua determinação àquele único momento preambular do processo. Assim, a concessão de liminar deve ocorrer quando, aperfeiçoados os dois pressupostos legais, fiquem estes demonstrados cabalmente, quando da impetração, sejam eles estampados após a manifestação da autoridade indigitada coatora em sua peça informativa. Alerta para a desnecessidade do pedido de liminar pelo impetrante como condição para a ordem determinada pelo julgador. Adverte, referindo ao juiz: cabendo-lhe a prestação eficiente da garantia constitucional do mandado de segurança, compete-lhe tomar todas as providências cabíveis para a realização da finalidade posta na norma fundamental e que é de sua estrita função ver aperfeiçoada, o que inclui, evidentemente, a medida acautelatória liminar asseguradora da plena eficácia do mandado que poderá vir, ao final, a ser concedido. Destarte, conquanto seja ela, em regra, requerida pelo impetrante, preocupado em ver restabelecida a sua segurança jurídica rompida pela nódoa de ilegalidade maculadora do comportamento público questionado, nada há a impedir que o julgador aja de ofício na concessão da liminar, cumprindo a sua função especificada na norma constitucional concernente ao mandado de segurança. Esta não poderia ficar ao desabrigo pela inapetência processual do impetrante ou pela inabilidade técnica do seu representante. Conclui que, de resto, aliás, o juiz dispõe de competência para aviar as medidas acauteladoras da produção final do resultado útil buscado pelo pedido de prestação jurisdicional, nos termos dos arts. 798 e 799 do Código de Processo Civil (artigo de doutrina). (A liminar no mandado de segurança. In: TEIXEIRA, Sálvio de Figueiredo (coord.). *Mandado de segurança e de injunção*. São Paulo: Saraiva, 1990. p. 218 e ss.).

Adhemar Ferreira Maciel (*ob. cit.*, p. 233) lembra que "deve o julgador estar sempre em guarda para exercer o relevante papel que a Constituição lhe confiou, de fazer reinar o primado da lei, sobretudo ante a prepotência disseminada no Poder Público". E com respaldo em Hely Lopes Meirelles, que o juiz "deve proceder com prudência e não titubear em concedê-la (refere-se à liminar), quando presentes se fizerem os dois requisitos legais: a) relevância no fundamento do pedido e b) da demora no julgamento possa advir a ineficácia ou, como quer Pontes de Miranda (*Comentários ao Código de Processo Civil*. 2. ed. Rio de Janeiro: Forense. v. 5, p. 191), "a ineficiência da segurança, caso seja a final concedida".

O apego demasiado ao princípio dispositivo contraria a lei do mandado de segurança, a anterior e a atual. A preservação do direito é dever do juiz em sede de *writ*. Daí a sua obrigação jurisdicional de agir de ofício e conceder a liminar suspensiva do ato comissivo ou realizadora do ato omissivo, quando disso depender a prevalência do direito.

§ 4º

§ 4º Deferida a medida liminar, o processo terá prioridade para julgamento.

Comentários
---

49. Da prioridade no julgamento

O mandado de segurança, a exemplo do *habeas corpus* e do *habeas data*, tem assegurado a prioridade no julgamento, sendo que, em regra, esse procedimento está previsto no Regimento Interno dos tribunais. O julgamento do mandado deve ser célere, sempre. Distribuída a ação, o relator deve imediatamente analisar os autos e verificar se estão presentes os pressupostos de admissibilidade e as condições da ação e se atendidas outras exigências que, na falta, podem determinar o arquivamento *in limine*; presentes os requisitos para o prosseguimento, verificará se é o caso de concessão de pedido de liminar ou, se não houver pedido, se é o caso de concessão de ofício para assegurar direitos. Com maior razão, essa celeridade deve ser obedecida, quando houver concessão de liminar. A recíproca também é verdadeira, isto é, o *writ* deverá ser julgado rapidamente, ainda quando não haja pedido de liminar ou concessão de ofício. Entendimento contrário esbarra no art. 20 da Lei n. 12.016/09. Presentes os requisitos, deferida ou não a liminar, o juiz determinará a notificação (citação) da autoridade indicada como coatora. Haverá caso em que deverá aguardar as informações para decidir sobre a concessão, ou não, da liminar. Todavia, em havendo a possibilidade de perda de direito, *v. g.*, certos atos omissivos em que impetrante foi proibido de concorrer a certo cargo, a concessão deve ser feita. Recebida as informações, deve ser notificado o Ministério Público para oferecer parecer. Na prática, nota-se uma certa lentidão procedimental e no julgamento do mandado em primeiro grau, por isso, é de bom alvitre que a Corregedoria Regional mantenha um certo controle. As partes e o Ministério Público podem exercer essa fiscalização, oficiando ao juiz.

§ 5º

§ 5º As vedações relacionadas com a concessão de liminares previstas neste artigo se estendem à tutela antecipada a que se referem os arts. 273 e 461 da Lei n. 5.869, de 11 de janeiro de 1973 — Código de Processo Civil.

Comentários
---

50. Da tutela antecipada

Registre-se, inicialmente, o cochilo do legislador ao não dar o mesmo tratamento dado à liminar para a tutela antecipada. Ambas dizem respeito ao adiantamento do próprio mérito pelo que o tratamento deveria ser idêntico. Remetemos o leitor aos comentários feitos no § 1º, do art. 7º, retro.

A exemplo do que foi dito nos comentários ao § 2º, do art. 7º, o legislador esbarra com a inconstitucionalidade ao restringir a tutela antecipada e a tutela específica. A magistratura não pode ser impedida de conceder liminares ou de prover a tutela antecipada ou específica para evitar a perda de direitos. Esse poder de cautela está previsto no inciso XXXV, do art. 5º, da Constituição Federal. A lei ordinária, como é o caso da novel Lei n. 12.016/09 (que revogou a Lei n. 1.533/51), de natureza infraconstitucional, não pode arrostar preceito constitucional (princípio da hierarquia das normas). Ver itens 47, 47-1, 47-2, cujos comentários se aplicam a esta hipótese.

Art. 8º

Art. 8º Será decretada a perempção ou caducidade da medida liminar *ex officio* ou a requerimento do Ministério Público quando, concedida a medida, o impetrante criar obstáculo ao normal andamento do processo ou deixar de promover, por mais de 3 (três) dias úteis, os atos e as diligências que lhe cumprirem.

---------- Comentários ----------

51. Do decreto de perempção

Este artigo é uma repetição do art. 2º da Lei n. 4.348/64, revogada pela nova lei de segurança (Lei n. 12.016/09). O conteúdo temporal, agora, foi restringido em apenas 3 (três) dias, quando a lei revogada tolerava o abandono por mais de 20 (vinte) dias. A ida de um extremo a outro indica falta de razoabilidade do legislador. O abandono do processo por apenas 3 (três) dias é seguramente impossível e nenhuma providência será tomada com vistas à perempção. A indicação de prazos curtos, numa procura romântica da celeridade, não funciona se não houver meios que garantam a possibilidade de funcionamento.

O termo perempção se integra ao sentido genérico de perecimento. Assemelha-se à prescrição e à decadência pelos resultados jurídicos que delas defluem, *id est*, à extinção de um direito. A diferença está em que a perempção se dá, sempre, durante o processo, dentro de um certo prazo, quando a parte não fez o que deveria ter feito. O termo caducidade está aí colocado como sinônimo de preclusão.

Perempção é a perda do direito de prosseguimento de ação provocada por desídia do autor que, por ato omissivo, causou a extinção do processo sem resolução do mérito, por três vezes, com supedâneo no inciso III, do art. 267, CPC. A perempção será decretada de ofício (art. 267,V, CPC) e impede que o autor ajuíze a mesma ação novamente (art. 268, CPC), igualando-se nessa parte à prescrição. Todavia, diferentemente da prescrição, ao perempto será oportunizada a possibilidade de alegar em defesa o seu direito (parágrafo único, do art. 268, CPC). Em sede de *writ*, a Lei n. 12.016/09 concretiza a perempção em apenas um ato de atraso (abandono) de 3 (três) dias, prazo demasiadamente curto. Melhor seria que se desse prazo maior, dada a drasticidade das consequências. A perempção dificilmente acontecerá, já que seriam necessárias 3 (três) extinções do processo sem julgamento do mérito da mesma demanda pelo mesmo motivo (parágrafo único, do art. 268, CPC).

A verificação da decorrência do prazo deve ser analisada à luz dos acontecimentos, vale dizer, que deve ser fruto de desídia comprovada do impetrante. Em princípio, deve ser entendido que o impetrante não tem interesse em não cumprir tudo aquilo que lhe for determinado, tomando todas as providências que se fizerem necessárias para uma prestação jurisdicional mais célere.

Como vimos, a perempção é instituto de direito processual, posto que da sua ocorrência surge a impossibilidade de acionar. Não poderá o autor repetir a mesma ação em outra oportunidade. Todavia, se for acionado, poderá alegar o seu direito em defesa (parágrafo único, do art. 268, CPC). Isso significa que conserva, não obstante, o direito material livre. O que significa que o direito continua em seu patrimônio, embora pessoalmente não possa mais fazê-lo valer em juízo, posto que perempto. Entretanto, nada impede que esse direito seja negociado com terceiro mediante cessão de direitos. Nesse caso, o terceiro não estará impedido de exercer o direito adquirido em cessão, uma vez que a perempção é um óbice processual pessoal que não se expande fora do processo. A extinção do processo pelo perempto apenas carreia para o autor o pagamento de custas, de honorários advocatícios e demais despesas existentes (OLIVEIRA, Francisco Antonio de. *Tratado de direito processual do trabalho*. São Paulo: LTr, 2008. v. I, p. 808-809).

51.1. Da perempção: Código de 1939 e o atual

A perempção está prevista no art. 267, V, e no art. 300, IV, do CPC. Dá-se a perempção, quando o autor, por três vezes, der causa à extinção do processo com fundamento no inciso III (não promover diligências ou abandonar o processo por mais de 30 dias). O Código de 1939 era mais exigente (art. 204), pois remetia ao art. 201, que enumerava nada menos do que 6 (seis) incisos em que a perempção poderia ocorrer. O Código atual só elege um inciso, o III, do art. 267. A perempção, se não invocada pela parte contrária, será declarada de ofício pelo juiz (art. 301, § 4º, CPC).

Para Cândido Rangel Dinamarco, perempção é uma figura processual antiquada e praticamente em desuso no processo civil (*Instituições de direito processual civil*. São Paulo: Malheiros, 2001. item 840, v. III, p. 136). Lembra o autor que a desistência da ação, ordinariamente, não impede nova propositura da demanda, mas a reiteração, sim (arts. 268, *caput* e par., c/c art. 267, inciso VIII), *ob. cit.*, p. 185, item 879. Vale dizer, após três desistências, o autor não poderá mais promover a quarta demanda.

51.2. Da necessidade do contraditório antes do decreto de perempção

Como regra, a extinção do processo deve sempre ser procedida da oportunidade de que o autor se manifeste, ainda que o ato possa ser tomado de ofício. A regra, do contrário, deve ser prestigiada sempre, mesmo porque, em ouvindo as partes, o magistrado poderá firmar a sua convicção pela extinção ou não, ou mesmo de mudar entendimento já formado. O contraditório é um direito da parte e o juiz nunca se arrependerá de fazê-lo, mas, sim, de não fazê-lo, tornando a situação irreversível com uma sentença terminativa ou definitiva.

Essa possibilidade está prevista no art. 327, CPC, e não se aplica só aos casos em que a alegação está posta na defesa. Mesmo porque, a parte poderá não invocar na defesa, a litispendência, a coisa julgada, a decadência, incompetência absoluta, demais matéria arrolada no art. 301, exceção feita ao juízo arbitral, e a matéria não se torna preclusa, podendo ser invocada a qualquer momento ou pronunciada de ofício (§ 4º, art. 301, CPC).

Outro não é o entendimento de Cândido Rangel Dinamarco: "O contraditório não é mais visto como mera oferta de oportunidades participativas às partes, mas de igual modo exigência de que participe ativamente também o juiz; no trinômio dirigir-provar-dialogar reside a fórmula sintética do ativismo judicial inerente ao perfil moderno do juiz responsável." Lembra que "as raízes do passado, no entanto, alimentam um grande temor e pânico pelo diálogo antecedente à extinção do processo. Vêm logo à mente dos mais conservadores as ideias de possíveis prejulgamentos ou quebra do dever de imparcialidade. É precisamente o contrário! O juiz que, apercebendo-se de uma causa extintiva do processo, pronuncia logo a sentença que lhe põe fim, não deu ao autor a mínima oportunidade de discutir a matéria e eventualmente convencê-lo do contrário. Se ele manda que se manifeste o demandante, é possível que este tenha fundamentos capazes de desfazer a impressão inicial do juiz e assim evitar a extinção do processo. Isso é contraditório" (*ob. cit.*, p.183, item 878).

Art. 9º

Art. 9º As autoridades administrativas, no prazo de 48 (quarenta e oito) horas da notificação da medida liminar, remeterão ao Ministério ou órgão a que se acham subordinadas e ao Advogado-Geral da União ou a quem tiver a representação judicial da União, do Estado, do Município ou da entidade apontada como coatora cópia autenticada do mandado notificatório, assim como indicações e elementos outros necessários às providências a serem tomadas para a eventual suspensão da medida e defesa do ato apontado como ilegal ou abusivo de poder.

Comentários

52. Do dever da autoridade administrativa impetrada

O artigo sob comento repete, com outras palavras, numa construção tautológica, o mesmo conteúdo do art. 3º, da Lei n. 4.348/64 (revogada). A preocupação da norma é salutar, qual seja a de que a autoridade indicada como coatora informe imediatamente ao órgão estatal à qual está subordinada ou ao ente público ao qual pertence, indicando a lei o prazo de quarenta e oito horas. A remessa de cópia autenticada do mandado citatório não significa autenticação em cartório, mas devidamente rubricada pela autoridade coatora, dando-lhe cunho de veracidade. O ente público está dispensado dessa providência quando atua em juízo (art. 24, da Lei n. 10.522/02). É importante que o órgão ao qual pertence a autoridade impetrada tome conhecimento imediato do ocorrido para que providencie a suspensão do ato ou defesa do mesmo, em sendo o caso. Tem-se que a cada dia, as informações vão se transformando numa peça híbrida de informação e defesa. De conformidade com o inciso II, do art. 7º, existe determinação para que se dê ciência à pessoa jurídica de direito público à qual pertença a autoridade impetrada, enviando cópia da petição inicial desacompanhada da cópia dos documentos que a instruíram. O dispositivo sob comento vai além e exige que sejam enviados subsídios que permitam a defesa, daí o envio de todos os elementos que se fizerem necessários. O descumprimento de tais determinações não poderá trazer qualquer consequência processual. Certamente, poderá tê-lo no âmbito administrativo, mesmo que a omissão não imponha prejuízos. O que conta é o comportamento desrespeitoso para com a autoridade superior.

Art. 10

Art. 10. A inicial será desde logo indeferida, por decisão motivada, quando não for o caso de mandado de segurança ou lhe faltar algum dos requisitos legais ou quando decorrido o prazo legal para a impetração.

---- Comentários ----

53. Do indeferimento da inicial

Este artigo corresponde ao art. 8º, da Lei n. 1.533/51, revogada, com algumas modificações.

a) *A inicial será desde logo indeferida, por decisão motivada, quando não for o caso de mandado de segurança.*

A ação mandamental tem suporte no Direito Público do que vale dizer que não tem cabimento em se tratando de direito privado. Por outro lado, a autoridade poderá ser pública, mas a relação que mantém ser de direito privado. Nesse caso, não terá cabimento o *writ*.

Em nossa obra *Mandado de segurança*, 3. ed. São Paulo: RT, p. 198-201, dissemos que a autoridade pública, ao contratar empregado, abdica do seu poder de império e o relacionamento passa a ser o contratual de empregado e de empregador, não de autoridade. Com a vinculação em contrato deixa de existir a autoridade no sentido que lhe empresta a lei. Em tais casos, o mandado de segurança individual, plúrimo ou o coletivo, resta obstado pela ausência de autoridade ou de agente público, restando em seu lugar o empregador. O Estado, ao firmar contrato de trabalho sob o regime celetista, passa a ter os seus atos regidos pelas normas de Direito Privado.

Preleciona Délio Maranhão que "esta autolimitação jurídica das atividades estatais é que configura o chamado Estado de Direito. E a subordinação do Estado, em certos casos, à disciplina legal do Direito do Trabalho não traduz senão uma ampliação, ditada pelas transformações econômicas da sociedade atual, daquela autolimitação jurídica, que dá ao Estado o poder de não apenas traçar limites às suas atividades no terreno que lhe é próprio (Direito Público), mas traçá-los na mesma medida imposta aos particulares nivelando-se a estes, no terreno que a estes é peculiar (Direito Privado)" (*Direito do trabalho*. Rio de Janeiro: Fundação Getúlio Vargas, 1974. p. 476).

Não é o caso de ser identificado como autoridade que dá ensejo ao mandado de segurança. São os atos que ameaçam ou violam, que devem ser de Direito Público (Pontes de Miranda). A simples participação do Estado em relação jurídica não se traduz em motivo bastante para afastar essa relação do campo do Direito Privado (Délio Maranhão). Ao firmar contrato de trabalho, a autoridade se afasta do campo do Direito Público para situar-se em área tipicamente de Direito Privado, assumindo a posição de empregador (Celso Agrícola Barbi). Nas vestes de empregador, o ente público perde a característica de autoridade nos moldes em que exige a lei, despido, pois, do *jus imperii*. Na Justiça do Trabalho, somente os atos jurisdicionais ou judiciários dão ensejo à impetração do *writ* (TRT/SP 008/91-0 rel. Juiz Francisco Antonio de Oliveira).

Com o advento da EC n. 45/2004 e a nova redação do art. 114 da Constituição Federal, o mandado de segurança ampliou a sua competência para além dos atos meramente jurisdicionais e trouxe a competência funcional, também, para as Varas do Trabalho. No caso retro em que existe autoridade, mas a relação que rege o ato atacado é de Direito Privado, o mandado de segurança porventura impetrado será extinto sem a resolução do mérito por ausência de requisito fundamental, isto é, a regência do ato atacado pelo Direito Público.

b) *Da ausência de outros requisitos legais*

Embora a lei não especifique expressamente quais seriam os requisitos legais, deve ser entendido como tais à ausência dos pressupostos de admissibilidade (objetivos e subjetivos) e às condições da ação, que são os requisitos comuns de toda e qualquer ação. Nesta parte, há que se buscar subsídio no processo comum à mingua de processo próprio para a segurança. Será indeferida quando a petição inicial for inepta (art. 295, CPC). Poderá ser indeferida quando a parte não cumprir certas exigências formais, *v. g.*, cópia da inicial instruída com as cópias dos documentos que instruem o pedido principal. Dizemos poderá, pois nada impede que o juiz de primeiro grau ou o relator oportunize ao impetrante a correção. Mas se determinar o arquivamento não estará cometendo nenhuma erronia, pois cabe ao advogado ler atentamente a lei e a peça inicial antes de impetrar a segurança. Todavia, será também indeferida se o impetrante não indicar expressamente o fundamento jurídico e o fundamento legal. Neste deverá constar o dispositivo legal ofendido, indicando expressamente a lei (Lei ordinária, Complementar ou Constituição, Decreto etc), o artigo, o inciso ou a alínea. Nesse caso, o indeferimento também será feito sem a resolução do mérito.

c) *Do litisconsorte necessário*

Em sendo o caso de litisconsorte necessário, o impetrante deverá pedir a sua notificação para figurar no processo mandamental. A ausência leva à nulidade da decisão que venha a ser proferida. Ver Súmula n. 631, do STF.

Lembra Celso Agrícola Barbi (*Do mandado...* p.104-105) que "toda vez que o mandado de segurança implicar modificação da posição jurídica de outras pessoas que forem diretamente beneficiadas pelo ato impugnado, ou, mais precisamente, quando a sentença modificar o direito subjetivo criado pelo ato impugnado pelo favor de outras pessoas, haverá 'litisconsórcio necessário', e a sentença não poderá ser dada sem que esses terceiros sejam citados como partes passivas na ação. Se o impetrante não houver pedido a citação, o juiz poderá determiná-lo na forma do art. 47, CPC". Também, aqui, o juiz poderá fazê-lo, sendo ato, todavia, do impetrante. Também, nesse caso, o indeferimento dará ensejo à extinção do processo sem resolução do mérito.

d) *Da decadência*

Se o juiz verificar, desde logo, que o período decadencial já se consumou, determinará a extinção sem maiores delongas. Nesse caso, a extinção dar-se-á com resolução do mérito (art. 269, IV, CPC). No tribunal, o relator poderá fazê-lo de forma monocrática.

Toda decisão, terminativa, definitiva, ou meramente interlocutória, será obrigatoriamente fundamentada nos termos do inciso IX, do art. 93, da Constituição Federal.

§ 1º

§ 1º Do indeferimento da inicial pelo juiz de primeiro grau caberá apelação e, quando a competência para o julgamento do mandado de segurança couber originariamente a um dos tribunais, do ato do relator caberá agravo para o órgão competente do tribunal que integre.

───────────────── **Comentários** ─────────────────

54. *Do indeferimento da inicial e o recurso cabível*

Por motivos didáticos, os comentários serão efetuados levando em conta a jurisdição em que o indeferimento se deu.

a) Da decisão do juízo de primeiro grau — Como vimos pela análise do *caput*, o indeferimento terá lugar por vários motivos impeditivos do prosseguimento do mandado de segurança até a entrega da prestação jurisdicional. São requisitos que impedem o conhecimento da ação e o seu enfrentamento meritório. Como também vimos que, além dos requisitos exigidos em toda ação comum, o impetrante deverá obedecer a requisitos especiais, próprios de uma ação mandamental. A sentença que indefere o processamento tem natureza terminativa. Desse indeferimento, o recurso cabível no processo comum é o de apelação no prazo de 15 (quinze) dias para o Tribunal de Justiça do Estado; no processo do trabalho, o recurso é o ordinário no prazo de 8 (oito) dias para o Tribunal Regional do Trabalho que sedia a região.

b) Da decisão do relator no tribunal — Da decisão de indeferimento proferida pelo relator em segundo grau ou grau superior, o recurso cabível é o agravo regimental, remédio processual devido sobre as decisões monocráticas. O prazo para agravar será de 5 (cinco) dias no cível (art. 557, § 1º, CPC). Quando manifestamente infundado o agravo, o tribunal imporá multa que variará de 1 a 10% sobre o valor da causa, corrigido (§ 2º); em sede trabalhista, o agravo regimental será interposto no prazo que varia de 5 a 8 dias, de conformidade com o Regimento Interno de cada tribunal. Na hipótese, o agravo é dirigido ao Presidente do Tribunal e este o envia ao relator que proferiu a decisão indeferitória, e este poderá reconsiderar a decisão ou confirmá-la. Confirmada, os autos são devolvidos ao Presidente do Tribunal e o agravo será distribuído a um dos componentes do colegiado ao qual pertence o relator (Turma, Câmara, Seção de Dissídio Individual ou Coletivo, Órgão Especial, Pleno etc). No julgamento, o colegiado somente poderá dizer se era, ou não, caso de indeferimento. Se o colegiado concluir que não era hipótese de indeferimento, acolherá o agravo e determinará que o relator prossiga com o mandado de segurança.

§ 2º

§ 2º O ingresso de litisconsorte ativo não será admitido após o despacho da petição inicial.

Comentários
---

55. Da restrição à integração do litisconsorte à lide

A questão posta no parágrafo há que ser esclarecida. Interpretando este parágrafo com o § 3º, do art. 1º da lei nova, é forçoso concluir que este só se aplicaria ao litisconsorte facultativo unitário, uma vez que ali está prevista indisfarçável regra de solidariedade, posto que o direito envolve várias pessoas e qualquer delas poderia manejar o mandado de segurança. Essas regras não são aplicáveis quando se cuidar de litisconsorte necessário. Em sendo este o caso, a citação de todos os titulares do direito material é necessária e obrigatória. Tem-se, pois, a citação de todos os titulares como essencial para a correta formação da relação processual. Sem essa providência, o juiz poderá determinar a extinção do processo sem resolução da lide. Se prosseguir sem que a erronia seja sanada, esta será causa de nulidade do processado.

Caso mais comum no processo do trabalho é o mandado de segurança para liberar bem penhorado (bem, depósito, poupança, aplicação, dinheiro em espécie). Nesse caso, o impetrante deverá pedir ao relator a inclusão do terceiro no polo passivo da demanda, na qualidade de litisconsorte necessário. Se a parte nada requerer, o relator poderá fazê-lo de ofício com esteio no art. 47, CPC, ou dar prazo para o impetrante fazê-lo (Súmula n. 631, do STF). A ausência de citação e de integração à lide do litisconsorte necessário será causa de nulidade de todo o processado.

Nesse sentido, decidiu a Excelsa Corte: "Se o ato do impetrante conferiu direito subjetivo em favor de terceiro, este há de ser citado para integrar a lide, como parte passiva, pois a decisão a ser proferida diz diretamente com sua situação jurídica, e, assim, não é lícito impedir que participe o terceiro do devido processo legal, omitindo seu chamamento a juízo, a fim de se defender. Inteligência do art. 19 da Lei n. 1.533, de 31.12.51 (Nota: revogada pela Lei n. 12.016/09), com redação da Lei n. 6.071, de 3.7.74 (revogada pela Lei n. 12.016/09), e o art. 47 do CPC", (Ac. STF, 2ª T., rel. Min. Cordeiro Guerra).

Nesse mesmo sentido, entendimento de Pontes de Miranda (*Tratado das ações rescisórias*, t. VI, p. 58-59).

> Súmula n. 631 do STF — "Extingue-se o processo de mandado de segurança se o impetrante não promove, no prazo assinado, a citação do litisconsorte passivo necessário."

A excessiva generalidade colocada no parágrafo sob comento poderá levar a entendimentos errôneos. O mesmo não se aplica à hipótese de litisconsorte necessário, como vimos, pena de nulidade de todo o processado ou mesmo passível de desconstituição pela via rescisória, se a erronia vier a transitar em julgado. O litisconsorte necessário poderá integrar a lide a qualquer momento ou grau de jurisdição, posto que a sua presença é de interesse da ordem pública.

Art. 11

> Art.11. Feitas as notificações, o serventuário em cujo cartório corra o feito juntará aos autos cópia autêntica dos ofícios endereçados ao coator e ao órgão de representação judicial da pessoa jurídica interessada, bem como a prova da entrega a estes ou da sua recusa em aceitá-los ou dar recibo e, no caso do art. 4º desta Lei, a comprovação da remessa.

---------- Comentários ----------

56. Da documentação

Este artigo tinha correspondente no art. 9º da Lei n. 1.533/51, revogada.

Cuidam-se de providências que dizem respeito à documentação do processo, providência administrativa que faz parte dos encargos do serventuário do cartório. A documentação consiste na juntada aos autos do mandado de segurança das cópias autênticas dos ofícios endereçados ao coator e ao órgão de representação judicial da pessoa jurídica interessada e a prova de entrega a estes. A autenticidade diz respeito às assinaturas postas pela própria autoridade impetrada e do representante do órgão de representação judicial nas cópias, com os dizeres: recebido, local, data e assinatura. Em havendo recurso da autoridade em aceitar ou passar recibo, deverá a situação ser documentada nos autos. A situação que poderá ocorrer será a de recusa em receber a documentação original. Nesse caso, não haverá a necessidade de passar recibo, bastará que o serventuário certifique o fato nos autos. Dificilmente, a autoridade receberá os originais e se negará a passar recibo. Se acontecer, a situação deverá ficar constando das cópias. Se for caso de urgência, deverá ser anotada a situação pela qual se deu a comunicação, juntando-se cópias aos autos, quando houver. Nesse trabalho de documentação deverá constar expressamente a data em que se fez a juntada aos autos. Ver item 56.1.

A novidade que a nova lei apresenta é a da preocupação com o órgão de representação judicial da pessoa jurídica interessada. Essa mesma preocupação já está prevista no inciso II, do art. 7º, comentado. De forma menos explícita, o tema já estava previsto no art. 3º, da Lei n. 4.348/64 (revogada pela Lei n. 12.026/09). Havia a intimação da pessoa jurídica interessada nos casos de concessão de liminar ou da prolação da sentença, salvo se o procurador interviesse na qualidade de assistente. Não exigia a lei a ciência no caso de impetração do *writ*, a qual hoje está expressa no art. 7º, II, e art. 11 sob comento.

56.1. Das consequências da notificação (citação)

A notificação tem por escopo que a autoridade indicada como coatora preste as informações. A notificação tem o valor de verdadeira citação. A informações serão permeadas de atos defensórios. Verifica-se que, a exemplo da Lei n. 1.533/51 (revogada), a Lei nova também não trouxe qualquer indicação expressa sobre o início do prazo de 10 (dez) dias. Tendo conta o princípio da ampla defesa, é de bom alvitre que não seja aplicada a regra contida no art. 184, do CPC (exclusão do dia do começo e inclusão do dia do vencimento), mas o art. 241, do CPC, isto é, da juntada aos autos do aviso de recebimento, quando utilizado o Correio ou a juntada aos autos do mandado cumprido, quando a notificação for feita por oficial de justiça, muito embora referido artigo esteja colocado na seção IV (Das Intimações), não da seção III (Das citações).

56.2. Das consequências no processo do trabalho

A regra utilizada no processo do trabalho (art. 775, CLT) é equivalente ao art. 184, do CPC. Todavia, levando-se em conta que o *writ* é um remédio processual civilista que a parte tem direito à ampla defesa, nada impede, tudo aconselha, que se aplique as regras do art. 241, CPC.

Art. 12

Art. 12 Findo o prazo a que se refere o inciso I do *caput* do art. 7º desta Lei, o juiz ouvirá o representante do Ministério Público, que opinará, dentro do prazo improrrogável de 10 (dez) dias.

―――― Comentários ――――

57. Do prazo para informações defensórias

Na Lei n. 1.533/51 (revogada), o membro ministerial deveria apresentar parecer em cinco dias (art. 10). A majoração do prazo para dez dias apresenta-se mais razoável. Esse também era o prazo para que a decisão fosse proferida, o que jamais foi cumprido por absoluta ausência de conformidade com a razoabilidade. A Lei antiga não dispensava o parecer ministerial; a Lei atual fê-lo expressamente no parágrafo único, do art. 12.

O prazo para que a autoridade dita coatora preste as informações é peremptório, isto é, não admite prorrogação. Como toda regra geral contém a exceção, posto que esta confirma a regra geral, a peremptoriedade cederá lugar em caso de força maior. Exemplo: um "apagão" por vários dias impede toda e qualquer comunicação, uma enchente que isola a localidade por vários dias ou meses, etc. Se existir alguma possibilidade de cumprimento, o requisito peremptório não estará presente. Diz a lei que, findo o prazo de 10 (dez) dias, o juiz ouvirá o representante do Ministério Público que opinará no prazo improrrogável de 10 (dez) dias. Também para o órgão ministerial, o prazo se coloca de forma peremptória, somente cedendo espaço em caso de força maior. A conclusão que se retira do *caput* é a de que o mandado será julgado mesmo sem a remessa das informações.

57.1. Da ausência de informações: consequências

Como vimos anteriormente, pequena parte da doutrina Celso Agrícola Barbi (*Mandado...* p.146-147) e Othon Sidou (*Do Mandado...* p. 179) afirma que haverá confissão em caso de ausência de informações. Hely Lopes Meirelles adota uma posição intermediária ao afirmar que haverá confissão, quando os documentos juntados pelo impetrante levar a essa conclusão (*Mandado...* p.24). Dizemos nós, se houver prova real com fulcro nos documentos juntados, para que servirá a confissão ficta? Othon Sidou afirma que haverá a revelia e a confissão.

Primeiramente, há que se saber se as informações prestadas pela autoridade têm o mesmo valor de defesa na ação ordinária.

De conformidade com a melhor doutrina, as informações são hoje um misto de informações dos acontecimentos juntamente com uma parte defensória. O que, de alguma forma, se aproxima da defesa. A autoridade ao elaborar as informações, além de falar sobre o ato editado ou da decisão que redundou no ato (jurisdicional ou não) perseguido, fará também a defesa do mesmo, dando a sua ótica sob o ponto de vista legal. Também poderá levantar preliminares e exceções sobre os pressupostos de admissibilidade e as condições da ação, presença da decadência, etc. Tudo isso leva alguns autores de peso intelectual, como os que citamos, a penderem pela aplicação da revelia com a consequência da confissão ficta. Entretanto, não estamos frente a uma ação comum, fato que deve alertar para uma maior reflexão. O mandado de segurança é uma ação atípica na qual existe autor, mas não existe réu e, sim, autoridade informante. Não tem instrução probatória, só tem cabimento de ato de autoridade ou de terceiro que esteja, naquele momento, exercendo função de autoridade (Direito Público). Além disso, exige que o ato seja ilegal e que imponha prejuízo ao impetrante. Ainda que se aplicasse a revelia, que se caracteriza pela ausência de defesa, não haveria como conceder as consequências da confissão, uma vez que o ato atacado é sempre de Direito Público e de ordem pública. É de se concluir, pois, que a doutrina e a jurisprudência quase unânime está com a razão: a ausência de informações defensórias não traduz o estado de revel, logo, não tem as consequências da confissão. Com ou sem as informações, o ônus probatório é do impetrante. Mesmo que a ausência não tenha qualquer consequência, as informações defensórias não poderão ser juntadas, se intempestivas, fora do prazo de 10 (dez) dias.

Parágrafo único

Parágrafo único. Com ou sem o parecer do Ministério Público, os autos serão conclusos ao juiz, para a decisão, a qual deverá ser necessariamente proferida em 30 (trinta) dias.

---------- **Comentários** ----------

58. Do parecer do Ministério Público

Vimos nos comentários do *caput* que o mandado de segurança será levado a julgamento, mesmo sem as informações defensórias do impetrado.

Temos, agora, no parágrafo único do mesmo artigo que os autos serão conclusos ao juiz (primeiro grau) relator (tribunal), com ou sem o parecer do

Ministério Público, uma vez que a decisão deverá ser necessariamente proferida em trinta dias. Num primeiro momento, o legislador usou do mesmo critério e deu o mesmo tratamento às informações defensórias da impetrada e ao parecer do representante do Ministério Público. Evidentemente, são coisas diversas e não deveriam (não poderiam) merecer o mesmo tratamento.

A impetrada não está obrigada a enviar informações e muito menos a arquitetar a sua defesa, dado que nenhuma consequência haverá. Já no que toca ao órgão ministerial, o seu parecer poderá ser de grande valia, se bem elaborado. Não se pode conceber que um órgão como o Ministério Público tenha a prerrogativa de produzir pareceres ao seu bel prazer, quando bem entenda. Mesmo porque, é uma instituição organizada com sede própria nas várias localidades da federação, com o escopo de *custos legis* e todo esse aparato custa muito caro para o contribuinte. Razão tem o legislador, todavia, quando determina o julgamento, mesmo sem as informações, uma vez que nenhuma prestação jurisdicional, mormente a do mandado de segurança, poderá ficar na dependência da autoridade dita coatora enviar informações.

Por outro lado, simplesmente dispensar o Ministério Público da obrigação que é o cerne do seu ofício, que é uma das razões da existência da instituição, é premiar a desídia dos seus componentes. Como regra, o Ministério Público sempre cumpre a sua obrigação e continuará, certamente, a fazê-lo no prazo legal. Também para o órgão ministerial, o prazo para a juntada do parecer é peremptório e preclusivo, não podendo ser juntado aos autos decorrido o prazo legal de 10 (dez) dias. Isso se dá em razão da lei prescindir do parecer para efetuar o julgamento, mesmo porque, não haveria razão para não cumprir o prazo, salvo acontecimento de força maior.

Embora a jurisprudência e a doutrina, formadas durante a Lei n. 1.533/51 (revogada), fossem unânimes em considerar indispensável o parecer, sob pena de nulidade, a lei expressamente retirou essa necessidade. Lembra Lafayete que a lei pode tornar obsoleta toda uma biblioteca jurídica. No caso, a Lei (parágrafo único, sob comento) teria derrubado toda a doutrina e toda a jurisprudência, numa interpretação literal. Dizemos teria, porque numa interpretação axiológica (aplicação da lei existente é insatisfatória), a doutrina e a jurisprudência já formadas poderão subsistir, por questão mesmo de razoabilidade, posto que apresentar pareceres é uma das obrigações primordiais da Instituição do Ministério Público. Não há razão para dispensar o parecer, mas há obrigação para que o faça no prazo.

Não se tenha da redação obscura do parágrafo único sob comento a liberação do Ministério Público para apresentar parecer quando achar conveniente. Diferentemente, as ações comuns, cuja matéria simplesmente fática poderá prescindir de parecer, no *writ*, a matéria é eminentemente de direito, obrigando ao pronunciamento. Por isso, o membro ministerial deverá fazê-lo sempre, salvo motivo de força maior. Na ausência de parecer sem justificativa de força maior, o juiz ou o relator deverá oficiar ao *Parquet* para as providências administrativas cabíveis contra o membro desidioso.

Art.13

Art. 13. Concedido o mandado, o juiz transmitirá em ofício, por intermédio do oficial do juízo, ou pelo correio, mediante correspondência com aviso de recebimento, o inteiro teor da sentença à autoridade coatora e à pessoa jurídica interessada.

―――――――――― Comentários ――――――――――

59. Da transmissão do julgamento

A exemplo do que sucedia com o art. 11 da Lei n. 1.533/51 (revogada), o art. 13 repete as mesmas regras, qual seja a de que, concedido o mandado, o juiz transmitirá, por intermédio do oficial de justiça, ou pelo correio, com aviso de recebimento o inteiro teor da sentença à autoridade dita coatora e à pessoa jurídica interessada. Embora a lei fale em sentença, entenda-se o termo genérico contendo o acórdão. A comunicação deve ser imediata, para que a impetrada cumpra imediatamente a determinação mandamental. Se concedida liminar, o julgamento vem confirmar o que antes fora concedido. A novidade é que a nova Lei incluiu a pessoa jurídica de direito público à qual está ligada à autoridade impetrada para receber a comunicação.

Embora a lei anterior e a atual só determinem a comunicação no caso de concessão, na prática, a não concessão também é comunicada. Nesse caso, também será feita a comunicação à pessoa jurídica interessada. Há também a hipótese em que fora concedida liminar e a decisão proferida não foi concessiva da segurança, caso em que a liminar deixou de produzir efeitos imediatamente. Também aqui a comunicação deverá ser feita imediatamente às partes e à pessoa jurídica interessada. O prazo para recurso, todavia, é contado da publicação da sentença ou do acórdão, não do prazo da comunicação para o cumprimento da decisão.

Ver artigo 3º, da Lei n. 4.348/64 (revogada).

Parágrafo único

Parágrafo único. Em caso de urgência, poderá o juiz observar o disposto no art. 4º desta Lei.

―――――――――― Comentários ――――――――――

60. Da comunicação urgente

Aplica-se, aqui, o princípio do paralelismo, adotando as mesmas regras de impetração do mandado de segurança em caso de urgência, conforme indicação nos §§ 1º, 2º e 3º, do art. 4º.

Art. 14

Art. 14 Da sentença denegando ou concedendo o mandado, cabe apelação.

---------- Comentários ----------

Nota: A OAB ajuizou ADI 4403/2010 contra o § 2º, do art. 14, que permite que pessoa física, sem formação jurídica e sem inscrição na OAB exerça a própria defesa.

61. Do recurso de apelação

O artigo faz a afirmação de que a sentença (ou acórdão) denegando ou concedendo o mandado de segurança, cabe o recurso de apelação.

Conceder ou denegar a segurança significa que estavam presentes todos os pressupostos de admissibilidade (objetivos e subjetivos), as condições da ação, que a ação fora proposta dentro do prazo legal de cento e vinte dias e que não havia nenhum outro embaraço legal capaz de impedir a apreciação meritória da decisão concedendo ou denegando a segurança. Temos, em ambos os casos, uma decisão meritória definitiva que concedeu ou denegou o pedido, isto é, que concedeu a suspensão do ato comissivo ou determinou a prática do ato omissivo, ou que denegou simplesmente a segurança. Em ambas as decisões houve a resolução do mérito. A decisão proferida transita em julgado.

O emprego errôneo da terminologia jurídica pelo legislador poderá levar ao entendimento de que, nas hipóteses em que não haja a concessão ou a denegação, não haverá a possibilidade do manejo do recurso. Seriam os casos em que houver a extinção do processo sem a resolução do mérito por ausência de um dos pressupostos de admissibilidade ou de uma das condições da ação, ou mesmo no caso em que for decretada a perempção (art. 8º). Nesses casos, não existirá denegação da segurança no sentido técnico-jurídico, isto é, com a apreciação do mérito. Nem por isso, o impetrante estará impedido de manejar recurso. A decisão proferida tem natureza jurídica terminativa e não transita em julgado.

Tenha-se em mente também que a terminologia da sentença é própria das decisões proferidas em primeiro grau de jurisdição, quando existem mandados de competência originária dos tribunais e a decisão tem a denominação de acórdão.

Por isso, o artigo deveria estar, assim, redigido: "Art. 14. Da sentença ou do acórdão, denegando ou concedendo o mandado, ou extinguindo o processo sem resolução do mérito, cabe apelação."

61.1. Da decisão denegatória que não transita em julgado

Existe decisão (sentença ou acórdão) denegatória da segurança em que não haverá o trânsito em julgado, embora tenha a natureza definitiva. É o caso em que a decisão denegatória teve suporte na ausência ou na insuficiência de prova, fatores impeditivos a que se tomasse uma posição meritória favorável ao impetrante. A decisão proferida é de extinção do processo com resolução do mérito, definitiva, fato que impedirá o impetrante de encilhar novo mandado, posto que o mérito foi decidido (art. 471, CPC). Todavia, embora denegatória a decisão, não formará a coisa julgada material e a parte não estará impedida de discutir o tema em sede de ação ordinária, onde poderá desenvolver toda a atividade probatória em instrução aparelhada.

Nesse sentido, o disposto no art. 19 da lei nova que repete, aqui, a lei antiga. Também, nessa hipótese, a parte poderá manifestar o seu inconformismo por meio do recurso de apelação. Essas mesmas regras são aplicadas nas hipóteses de ação civil pública, de ação popular e de ações sujeitas ao Código de Defesa do Consumidor. Como vimos, temos duas hipóteses de decisão denegatória: a que decide meritoriamente e transita em julgado, e a que decide meritoriamente e não transita em julgado por causa da ausência ou da insuficiência de prova, podendo o impetrante ajuizar ação própria para discutir a matéria, na qual terá a possibilidade de ampla defesa. Em todas as hipóteses, haverá a possibilidade do manejo do recurso de apelação. No processo do trabalho, no recurso em primeiro grau e nos Regionais será o ordinário, quer de decisões (sentenças ou acórdãos) definitivas e terminativas.

§ 1º

§ 1º Concedida a segurança, a sentença estará sujeita obrigatoriamente ao duplo grau de jurisdição.

Comentários
---

62. Do duplo grau de jurisdição

Esse princípio foi consagrado a partir da Revolução Francesa. O Estado forte necessitava de todas as oportunidades para fazer valer o ato de autoridade. O duplo grau de jurisdição é resquício autoritário que remanesceu e, hoje, restou impregnado e de tal sorte aceito sem discussão pela doutrina e pela jurisprudência que a sua falta impede a formação da coisa julgada material e obsta a execução definitiva. Dispõe a Súmula n. 423 do STF que: "Não transita em julgado a sentença por haver omitido o recurso *ex officio*, que se considera interposto *ex lege*."

Referida súmula sinaliza o entendimento de que o duplo grau deve ser exigido somente nas decisões monocráticas, não, evidentemente, quando a decisão (acórdão) é prolatada por colegiado. Não há sentido lógico submeter-se decisão de colegiado para outro colegiado, *ex officio*.

A sentença de concessão de segurança estará sujeita ao duplo grau de jurisdição, isto é, mesmo não havendo o recurso voluntário de apelação, o juiz remeterá os autos do processo ao tribunal para que cumpra a obrigatoriedade do duplo grau. Se houver recurso voluntário subscrito pela impetrada, este já perfaz o duplo grau. A análise está limitada à verificação da eficácia, da validade e da executividade da sentença. Para Nelson Nery Junior, a remessa obrigatória é condição de eficácia da sentença, é manifestação do efeito translativo do processo civil: transfere-se o conhecimento integral da causa ao tribunal superior, com a finalidade de estabelecer-se controle sobre a correção da sentença de primeiro grau (*Princípios do processo civil na Constituição Federal*. 6. ed. São Paulo: RT, 2000. p. 62).

Os presidentes dos tribunais têm o poder de avocar os processo sujeitos ao duplo grau de jurisdição obrigatório (art. 475, § 1º, CPC).

A decisão proferida, enquanto não submetida ao segundo grau de jurisdição, subsistirá em estado de latência, e não transitará em julgado materialmente. Nesse sentido, dispõe o enunciado da Súmula 423, do STF: "Não transita em julgado a sentença por haver omitido o recurso *ex officio*, que se considera interposto *ex lege*." Isso não significa que a decisão proferida não seja eficaz, apenas a sua eficácia plena está condicionada à remessa. A remessa oficial não se submete aos parâmetros do § 2º, do art. 475, mesmo porque, a lei é omissa a esta parte, não devendo o intérprete ir além. De resto, a jurisprudência do STJ comanda: "A remessa necessária de sentença concessiva de Mandado de Segurança é disciplinado pelo parágrafo único, do art. 12, da Lei n. 1.533/51, regra especial que deve prevalecer sobre a regra processual civil (art. 475, II, do CPC, de natureza genérica). STJ; Resp 279.217-PR, j. 2.8.01, rel. Min. Jorge Scartezzini, DJU 29.10.01.

Nota: vale o alerta do STJ da não aplicação do § 2º, do art. 475, CPC em sede de segurança.

62.1. Da decisão de colegiado

Como regra, o duplo grau de jurisdição haverá de ter cabimento das decisões monocráticas de primeiro grau, não das decisões de competência originárias de tribunais, posto que já existe a decisão levada a efeito por colegiado. Sem sentido se apresenta que a decisão proferida por colegiado seja obrigatoriamente submetida a outro colegiado. Seria o excesso de cuidados com o Poder Público que já detém vantagens e prerrogativas excessivas e é o que mais descumpre as leis! Esse é o entendimento esposado pelo Pleno da Excelsa Corte: "A remessa necessária ou de ofício, a que aludem o parágrafo único do art. 12 da Lei n. 1.533/51, na redação que lhe deu a Lei n. 6.071/74, e o art. 475, do CPC, somente diz respeito à sentença de 1º grau, e não à concessão de mandado de segurança impetrado originariamente perante o tribunal" (Ac. unânime, Pleno, rel. Min. Moreira Alves, DJ 19.5.89, p. 8.439, MS 20.932-1-DF).

Nota: como vimos antes, a própria Súmula n. 423 do STF liga o duplo grau apenas à sentença, terminologia aplicada às decisões monocráticas de primeiro grau.

A corroborar o comando da Excelsa Corte sobre o tema, o art.12 da Lei n. 1.533/51, revogada, a Lei nova (art. 14, 1º) que repete a lei anterior nomeiam a "sentença", decisão proferida em primeiro grau, por juiz monocrático, e art. 475, CPC, que também fala em "sentença".

Como veremos no item que segue, o Tribunal Superior do Trabalho não vem seguindo o direcionamento dado pelo STF.

62.2. Do duplo grau de jurisdição no processo do trabalho

Antes da EC n. 45/2004, a competência para o mandado de segurança era somente a originária dos Regionais e do TST. Depois, com a nova redação dada ao art. 114, da Constituição Federal, a competência foi alongada para o primeiro grau de jurisdição. Sobre as decisões proferidas em primeiro grau em que houver a concessão da segurança, haverá, obrigatoriamente, o duplo grau de jurisdição. No que concerne às decisões proferidas pelos regionais, não haveria de exigir-se o duplo grau para o TST, posto que sem sentido lógico que um colegiado seja submetido a outro colegiado pelo duplo grau. A providência nos afigura ociosa e contrária ao entendimento da Excelsa Corte que aqui repetimos para fins didáticos. Nesse sentido, a jurisprudência do Supremo Tribunal Federal: "A remessa necessária ou de ofício, a que aludem o parágrafo único do art. 12 da Lei n. 1.533/51, na redação que lhe deu a Lei n. 6.071/74, e o art. 475, do CPC, somente diz respeito à sentença de 1º grau, e não à concessão de mandado de segurança impetrado originariamente perante o tribunal" (Ac. unânime, Pleno, rel. Min. Moreira Alves, DJ 19.5.89, p. 8.439, MS 20.932-1-DF).

Nesse sentido a doutrina: "Em verdade, porém, só a sentença do juiz de primeiro grau se sujeita ao duplo grau de jurisdição. Não os acórdãos proferidos, posto que originariamente, por tribunais" (v. g., no caso de ação rescisória, cf. FADEL, Sérgio Sahione. *Código de Processo Civil comentado*. Rio de Janeiro: José Konfino Editor, 1974. t. III, p. 49).

No processo do trabalho

Muito embora o julgamento seja feito por colegiado, Pleno ou seção de Dissídios Individuais, a regra é excepcionada para exigir o duplo grau de jurisdição para o TST. Essa é a orientação que vem sendo seguida pelo sodalício de cúpula a Justiça do Trabalho, como se verifica do julgamento RMS 11.633/90.9 (Ac. SDI 1.673/91, 3ª Região, rel. Min. Ursulino Santos): "Mandado de Segurança. Decisão concessiva proferida por Tribunal Regional. Remessa oficial. Considerando-se que, na processualística do Trabalho, o mandado de segurança é julgado, originariamente, pelos tribunais, não o sendo, em qualquer hipótese, pelas Juntas de Conciliação e Julgamento, as decisões tanto concessivas, como denegatórias, estão sujeitas ao duplo grau de jurisdição através da remessa oficial" (Ementa publicada no DJ 8.11.91).

Verifica-se que o argumento utilizado pelo eminente relator do acórdão não tem qualquer suporte jurídico. O fato de, na época, não haver a competência primária para o mandado de segurança, não se erigia em fundamento. Raciocine-se ao absurdo: se o *writ* fosse somente de competência originária do TST, o eminente relator naturalmente daria o duplo grau!

A matéria foi objeto de discussão no julgamento do Rem. EOf. 44.080/93 a partir do pronunciamento do Ministro Vantuil Abdala, cf. notas taquigráficas em nosso poder, com argumentos prós e contra. Após, foi decidido pela obrigatoriedade do duplo grau em sede de segurança (TST-RO-MS 54770/92-4, Ac. 10/93, 19.2.93, LTr 57.09/1114). Surgiu a Súmula n. 303 que sumulou a matéria no item III. Tem-se, pois, que além de andar contra a interpretação da Excelsa Corte, deu-se à interpretação o *status* de direito sumular.

O fundamento adotado era o de que a Justiça do Trabalho tinha uma estrutura *sui generis*, diferente, pois, do processo comum. Realmente, assim era. A Justiça do Trabalho tinha formação paritária em todos os níveis, com juízes classistas jejunos em direito e que, nada obstante, decidiam sobre temas de direito, inclusive relatavam mandado de segurança. O primeiro grau do trabalho era decidido por colegiado e o mandado de segurança tinha cabimento originário nos Regionais e no TST. Essa diferença na composição com juízes de carreira, quinto constitucional e juízes classistas, sem formação jurídica, realmente trazia preocupação. Digamos que a exigência do duplo grau de forma inusitada de colegiado para colegiado se fazia necessária em prol da própria credibilidade da Justiça do Trabalho. Entretanto, o próprio TST sofria do mesmo vezo da composição classista. E a representação classista, salvo honrosas exceções, era realmente espécie de juízes parciais.

Todavia, com o advento da EC n. 24/99, a representação classista foi extinta e o primeiro grau passou a ter competência funcional para conhecer e julgar mandado de segurança e a decidir de forma monocrática. Vale dizer, desapareceram todos os elementos obstativos objetivos e subjetivos referidos pelo TST. Não há nada que aconselhe que se continue exigindo o duplo grau das decisões dos Regionais em mandado de segurança. A permanência, depois da EC n. 24/99 e da EC n. 45/04, lança o foco no inusitado! Espécie de *avis rara* cultivada pelo Tribunal Superior do Trabalho. O item III, da Súmula n. 303 deve ser revisto e adequado.

62.3. Do mandado de segurança contra atos judiciais

Um grande número de mandados de segurança, mormente na Justiça do Trabalho, são impetrados contra atos judiciais (jurisdicionais e administrativos). A explicação para que o número seja elevado está no fato de o processo do trabalho não admitir recorrer das decisões interlocutórias. Por outro lado, o agravo de instrumento trabalhista tem conteúdo operacional restrito para desatrelar recursos não processados em quaisquer jurisdições por ausência dos requisitos de recorribilidade. Com essa trava processual, o único remédio utilizável para desfazer ilegalidades é o mandado de segurança.

A competência, nesse caso, é originária do Regional. Da concessão da segurança contra ato do juiz não haverá o duplo grau de jurisdição. Também não haverá recurso, posto que o juiz não poderá recorrer.

§ 2º

§ 2º Estende-se à autoridade coatora o direito de recorrer.

--- Comentários ---

63. Da possibilidade da autoridade coatora recorrer

O entendimento vigente era o de que a autoridade dita coatora não tinha legitimidade para recorrer da decisão (sentença ou acórdão) que concedesse a segurança. Isso se dava pelo fato de a autoridade coatora pertencer a um determinado órgão, pessoa jurídica de direito público. Essa pessoa jurídica era, pois, a titular do direito e a legitimada a defendê-lo em juízo por meio de recurso próprio.

A autoridade coatora, apesar de ser parte no mandado de segurança, figurando no polo passivo da relação processual, não possui legitimidade para recorrer, devendo, somente, prestar informações no prazo de 10 (dez) dias e cumprir o que for determinado na liminar ou sentença. A legitimidade recursal é da pessoa jurídica de direito público interessada, pois é ela quem suportará os efeitos patrimoniais da decisão final. Precedentes do Supremo Tribunal Federal nos RE 97.282-PA; 86.030-AM; Pet n. 321-BA (STJ, REsp 171.514-MG, j.13.6.00, rel. Min. Jorge Scartezzini, DJU 28.8.00).

A partir da lei nova, a autoridade indicada como coatora passa a ter legitimidade processual para recorrer. A legitimidade ora dada não significa que a pessoa jurídica de direito público tenha perdido a sua legitimidade para recorrer. Ambas podem recorrer. Todavia, somente uma poderá recorrer, o que significa que, se uma recorrer, a outra não poderá fazê-lo. A nova lei criou a legitimidade concorrente, com nexo de prejudicialidade, embora não o diga expressamente, posto que desnecessário.

O interesse recursal de ambas, autoridade coatora e pessoa jurídica de direito público, é o mesmo. Não se pode dizer que a pessoa jurídica tem mais, ou menos, interesse para recorrer do que a autoridade coatora. Raciocínio nesse sentido levaria à possibilidade de ambas recorrerem com objetos coincidentes parcialmente (art. 471, CPC). A ilegalidade cometida no julgamento do *writ* afeta diretamente à autoridade coatora e à pessoa jurídica de direito público à qual pertence. Não se pode dizer que uma foi mais prejudicada do que a outra. O ato produzido pela coatora o foi em nome da pessoa jurídica de direito público à qual pertence. Por isso que, antes da lei nova, a coatora somente produzia informações e a pessoa jurídica de direito público tinha a legitimidade para recorrer. Com o advento da Lei n. 12.016/09, a coatora também ganhou a legitimidade processual para recorrer. Os órgãos de suporte são AGU (autoridade federal), Procuradores nos Estados e nos Municípios, quando houver. No que diz respeito ao preparo previsto no § 1º, do art. 511, CPC, a prerrogativa estende-se, agora, à autoridade coatora, posto que parte da pessoa jurídica de direito público é beneficiada, não se podendo isolar a coatora para esse fim.

63.1. Da possibilidade de recorrer quando não houver concessão

Em regra, a possibilidade de recorrer tem supedâneo na sucumbência, ou seja, na concessão da segurança. Se não existir a concessão, se o autor não tiver sucesso na ação, somente ele, o autor, estaria autorizado a recorrer.

Todavia, existe a hipótese em que, mesmo não havendo a concessão, a parte que não perdeu a ação pode demonstrar o seu inconformismo. É o caso em que o mandado foi julgado em jurisdição sem competência, em razão da pessoa do coator, *v. g.*, autoridade estadual julgada pela justiça federal e vice-versa. Em se apresentando a hipótese, a impetrada, ainda que não sucumbente, tem legitimidade para recorrer sob o fundamento de que o magistrado ou o colegiado que julgou o *mandamus* não tinha jurisdição sobre a impetrada e, portanto, não formou a competência funcional do juiz de primeiro grau ou do relator e, consequentemente, não houve a formação do juiz natural. Por isso, todos os atos decisórios são nulos de pleno direito.

63.2. Da possibilidade do Ministério Público recorrer

O Ministério Público não é parte no processo, mas dele participa como *custos legis* ao produzir parecer ou ao recorrer também na qualidade de *custos legis*.

Não teria sentido prático exigir que a possibilidade de recorrer estivesse equacionada a um prejuízo direto do órgão ministerial. O Ministério Público defende a própria sociedade que se vê prejudicada pelo cometimento de qualquer ilegalidade ou por qualquer desrespeito à lei. Ocupando uma posição de fiscal da lei, tem legitimidade para recorrer da concessão ou da não concessão da segurança, sempre que vislumbre uma ilegalidade. Pergunta que se faz: O Ministério Público poderá recorrer se não apresentou parecer? A resposta é sim. São momentos processuais distintos, sem nexo de prejudicialidade. O fato de não haver formulado parecer, não constitui fato impeditivo de continuar como fiscal da lei. Essa é sua obrigação institucional.

Decidiu o Superior Tribunal de Justiça: "O Ministério Público (MP) tem legitimidade para recorrer de decisão que negou a nomeação de um candidato aprovado dentro do número de vagas previsto no edital. O entendimento é da Quinta Turma do Superior Tribunal de Justiça (STJ). Os ministros consideraram que, em mandado de segurança, o MP atua como fiscal da lei e, por isso, pode defender direitos individuais disponíveis" (STJ, RMS 27.508-DF, j.16.4.09, rel. Min. Arnaldo Esteves Lima, DJ. 18.5.09).

Nota: A decisão é interessante e oportuna. Num primeiro momento, cuida-se de direito individual em que somente o detentor do direito substancial teria o legítimo interesse para recorrer. Todavia, o tribunal entendeu que, em sendo o caso de segurança, o membro ministerial poderá recorrer como fiscal da lei para defender interesses individuais disponíveis. O julgado abre a possibilidade de recorribilidade ministerial, sempre que estiver na posição de *custos legis* em outras ações, em defesa da legalidade.

§ 3º

§ 3º A sentença que conceder o mandado de segurança pode ser executada provisoriamente, salvo nos casos em que for vedada a concessão da medida liminar.

―――――― Comentários ――――――

64. Da execução provisória (sentença ou acórdão)

A concessão de liminar determina que o ato seja cumprido imediatamente. Trata-se de uma ordem mandamental que se não for cumprido trará ou poderá trazer prejuízos irrecuperáveis. A execução provisória apresenta-se como uma exceção. O recurso cabível da sentença de segurança terá efeito tão somente devolutivo. A concessão de ambos os efeitos destoaria da própria essência do instituto, retirando a sua praticidade e celeridade. Tanto a liminar, quanto a decisão de mérito devem ser cumprida imediatamente, independentemente de caução.

Nesse sentido, lições de Hely Lopes Mirelles (*ob. cit.*, p.68): "Assim sendo, cumprem-se, imediatamente, tanto a liminar como a sentença ou o acórdão concessivo da segurança, independentemente de caução ou de carta de sentença, ainda que haja apelação ou recurso extraordinário". Em prol da afirmação cita acórdão do STF, RE 70.655-RS, DJU, de 24.9.71, p. 5.135.

64.1. Da vedação de execução provisória

As vedações estão inscritas no § 2º, do art. 7º. Remetemos o leitor aos comentários do referido § 3º.

§ 4º

§ 4º O pagamento de vencimentos e vantagens pecuniárias asseguradas em sentença concessiva de mandado de segurança a servidor público da administração direta ou autárquica federal, estadual e municipal somente será efetuado relativamente às prestações que se vencerem a contar da data do ajuizamento da inicial.

--- Comentários ---

65. Do pagamento de vantagens pecuniárias. Limitação

Segundo a Excelsa Corte, por não ter a conotação de ação de cobrança, o mandado de segurança somente garante o recebimento de valores pecuniários a partir da impetração (efeito *ex nunc*). Os direitos anteriores deverão ser buscados por meio de ação própria. Nesse sentido, Súmula n. 269 do STF: "O mandado de segurança não é substitutivo de ação de cobrança." Daí a razão pela qual a concessão da segurança não poderá garantir direitos pretéritos à impetração (efeito *ex tunc*).

Uma questão interessante se apresenta. A concessão da segurança atinge o ato ilegal no seu nascedouro, o que, pela lógica do raciocínio, haveria de garantir o efeito patrimonial *ex tunc*. No entanto, a Súmula n. 269 do STF não permite o recebimento de direitos materiais anteriores à impetração. Todavia, o ato foi declarado ilegal, repita-se, no seu nascedouro, o que levaria ao entendimento de que, na ação ordinária de cobrança, a matéria de direito já estaria resolvida e não seria mais discutida (art. 471, CPC). Teríamos, então, uma simples execução.

Entretanto, a Súmula n. 271 da Excelsa Corte dispõe: "Concessão do mandado de segurança não produz efeitos patrimoniais em relação ao período pretérito, os quais devem ser reclamados administrativamente ou pela via judicial própria. O enunciado sumular é emblemático: o *mandamus* declara a ilegalidade do ato impugnado concede a segurança, mas garante apenas parcialmente os direitos patrimoniais, e determina que os direitos patrimoniais pretéritos à impetração sejam novamente discutidos em ação própria, na qual a declaração do direito poderá contrariar aquilo que ficou expresso no *writ*, opondo-se às regras ao art. 471, CPC. O direcionamento sumular causa espécie, quando é certo que a concessão reconheceu o procedimento ilegal e abusivo da autoridade impetrada ao editar o ato. Reconhece-se a causa e não se reconhece os efeitos deletérios causados! A ausência de razoabilidade é evidente.

O Superior Tribunal de Justiça a quem cabe dizer a última palavra sobre lei federal vem dando uma nova visão ao assunto da proteção do direito material em sede de segurança: " (...) 6. Na hipótese em que o servidor público deixa de auferir os seus vencimentos, parcial ou integralmente, por ato ilegal ou abusivo de autoridade impetrada, os efeitos patrimoniais da concessão da ordem em mandado de segurança devem retroagir à data do ato impugnado, violador de direito líquido e certo. Inaplicabilidade do enunciado das Súmulas n. 269 e 271 do STF (STJ, MS 12.397-DF, j. 9.4.08, rel. Min. Arnaldo Esteves Lima, DJ 16.6.08).

O entendimento do STJ recoloca a situação em seu leito normal, as súmulas da Excelsa Corte estão defasadas no tempo e se apresentam, hoje, de difícil percepção do ponto de vista lógico, quando se reconhece o direito (ato ilegal e abusivo), mas não se reconhece os reflexos prejudiciais causados por esse mesmo ato, remetendo a discussão para jurisdições ordinárias que, certamente, poderão discordar do Supremo em relação ao ato declarado ilegal e violar o art. 471, CPC.

Art. 15

Art. 15. Quando, a requerimento de pessoa jurídica de direito público interessada ou do Ministério Público e para evitar grave lesão à ordem, à saúde, à segurança e à economia públicas, o presidente do tribunal ao qual couber o conhecimento do respectivo recurso suspender, em decisão fundamentada, a execução da liminar e da sentença, dessa decisão caberá agravo, sem efeito suspensivo, no prazo de 5 (cinco) dias, que será levado a julgamento na sessão seguinte à sua interposição.

Comentários

A construção gramatical do referido artigo é sofrível: usa "da liminar" e "da sentença", quando seria "de", posto que indefinido. A lei prevê de forma genérica, para qualquer liminar ou para qualquer lei. O mais grave, entretanto, está na construção: "para evitar grave lesão à ordem, à saúde, à segurança e à economia públicas." O emprego da preposição "e", aditiva, no final, "e à economia públicas", significa que o agravo só poderá ser deferido quando se somarem todas aquelas hipóteses. Não foi isso que o legislador quis dizer, mas disse. Deveria ter usado a alternativa "ou": "ou à economia públicas." Para que se harmonize o texto com aquilo que realmente o legislador quis dizer, deve-se substituir o "e" por "ou".

66. Da suspensão de liminar ou de sentença

Essa norma foi transladada do art. 4º, da Lei n. 4.348/64, com algumas modificações. Foi incluído o Ministério Público, o termo "despacho" foi substituído por "decisão fundamentada". O prazo de agravo foi reduzido de 10 (dez) para 5 (cinco) dias. A mesma regra estava prevista no art. 13 da Lei n. 1.533/51. Ambas foram revogadas expressamente pela Lei n. 12.016/09. A Lei n. 4.348/64 foi editada durante o Regime Militar.

Referido artigo dá poderes aos presidentes dos tribunais ao qual couber o conhecimento do recurso para suspender os efeitos de liminar ou de sentença concessiva de segurança, desde que requerida pela pessoa jurídica de direito público interessada ou pelo Ministério Público, sempre com o escopo de evitar grave lesão à ordem pública, à saúde, à segurança ou à economia públicas. O pedido de suspensão deverá ser fundamentado de forma convincente, não servindo meras alegações ou receios subjetivos desfundamentados.

A decisão que vier a ser proferida pelo presidente do tribunal deverá ser fundamentada (inciso IX, do art. 93, da Constituição Federal). Dessa decisão, o impetrante poderá agravar no prazo de 5 (cinco) dias. O agravo não terá efeito suspensivo e será apreciado na sessão seguinte, imediata à interposição e o agravo regimental em cabimento de decisão monocrática.

O mandado de segurança, denominado pela doutrina de remédio heróico, tem por escopo desmerecer a ilegalidade praticada por autoridade pública contra direitos individuais ou coletivos, que imponha prejuízos imediatos ou tenha a possibilidade potencial de causar danos de difícil ou de impossível reparação. As exigências processuais que dão guarida ao conhecimento do *writ* são bem mais rigorosas do que os pressupostos de uma ação comum. O comando contido em uma liminar ou em uma decisão concessiva é constitucional e deve ser cumprida imediatamente. Em princípio, nenhuma restrição trazida por lei ordinária deve prevalecer, em obediência ao princípio da hierarquia das normas. Do que resulta que o legislador infraconstitucional não pode criar obstáculos legais para dificultar, neutralizar, tornar sem efeito, empecer, desprestigiar ou tirar a eficácia de um comando mandamental proveniente do mandado de segurança.

Sobre o tema, ensina Sérgio Ferraz que "a suspensão da liminar por autoridade diversa da que a concedeu, ou dos efeitos da decisão concessiva da segurança, é constitucionalmente esdrúxula". Mas a sua conclusão é, de certa forma, contida: "Mas se torna totalmente inconstitucional se não observadas, como é de praxe, as garantias do contraditório, da ampla defesa, do juiz natural e do devido processo legal" (*Mandado de segurança (individual e coletivo):* Aspectos polêmicos. São Paulo: Malheiros, 1995).

Para Cássio Scarpinella Bueno, "se o que o mandado de segurança tem de mais caro é a sua predisposição constitucional de surtir efeitos imediatos, concretos e favoráveis ao impetrante, seja liminarmente ou a final, a mera possibilidade de suspensão da segurança coloca em dúvida a constitucionalidade do instituto. Em verdade, tudo aquilo que foi criado pelo legislador infraconstitucional para obstaculizar, dificultar ou empecer da plenitude da eficácia do mandado de segurança agride sua previsão constitucional. Nesse sentido, não há como admitir a constitucionalidade do instituto, independentemente de qual seja sua natureza jurídica" (*Mandado de segurança*: Comentários às Leis n. 1.533/51, 4.348/64 e 5.021/66. 4. ed. São Paulo: Saraiva, 2008).

O que se discute neste artigo não é a neutralização à concessão da liminar ou à concessão da segurança. Isso seria verdadeiro se a lei determinasse a cassação da liminar ou da decisão concessiva. Nesse caso, a inconstitucionalidade apresentar-se-ia clara e induvidosa. O que aqui se discute é a mera suspensão provisória da liminar ou da decisão, para evitar grave lesão à ordem pública, à saúde, à segurança ou à economia.

Em se apresentando pelo menos uma das hipóteses nomeadas pela lei, a suspensão se faz necessária para a tutela do interesse público que deve prevalecer sobre o interesse privado. Não há que se criar impasse interpretativo em torno da lei ordinária objetivando a hierarquia das normas, uma vez que a lei não está neutralizando o próprio mandado de segurança e as suas consequências, fatos que, se existentes, dariam suporte à inconstitucionalidade, dada a natureza constitucional do *writ*.

A suspensão provisória busca evitar uma grave lesão que a execução imediata da liminar ou da decisão certamente ocasionaria. A suspensão será um paliativo necessário de caráter provisório para evitar um mal maior. Nesse caso, a natureza constitucional do mandado deverá conviver de forma harmônica com a lei ordinária. Sem que haja essa convivência, estaria instaurado o impasse. "O sistema jurídico tem de encontrar mecanismos idôneos e eficazes para que haja a efetividade do direito ou do seu exercício" (NERY, Nelson. *CPC comentado*. 2. ed. São Paulo: RT, p. 1.431).

Decidiu o Supremo Tribunal Federal: "I — Suspensão de segurança: compatibilidade com a Constituição. Verdadeiramente inconciliável com o Estado de Direito e a garantia constitucional da jurisdição seria impedir a concessão ou permitir a cassação da segurança concedida, com base em motivos de conveniência política ou administrativa, ou seja, a superposição ao direito do cidadão das razões de Estado; não é o que sucede na suspensão de segurança, que susta apenas a execução provisória da decisão recorrível: assim como a liminar ou a execução provisória da decisão concessiva de mandado de segurança, quando recorrível, são modalidades criadas por lei de tutela cautelar do direito provável — mas ainda não definitivamente acertado — do impetrante, a suspensão dos seus efeitos, nas hipóteses excepcionais igualmente previstas em lei, é medida de contracautela com vistas à salvaguarda, contra o risco de grave lesão a interesses públicos privilegiados, o efeito útil do êxito provável do recurso da entidade estatal" (AgRg na SS n. 1.149/PE, j. 3.4.97, rel. Min. Sepúlveda Pertence).

Não se pode falar, por outro lado, em garantia do contraditório, *v. g.*, a oitiva do impetrante, em razão de, no mandado de segurança, não haver instrução probatória. As provas produzidas pelo impetrante e pelo impetrado estão nos autos. A única prova que deverá ser somada, no caso da suspensão da execução da liminar ou da decisão concessiva da segurança, é do fato que a pessoa jurídica interessada alegar como suporte. Essa prova há de ser convincente.

§ 1º

§1º Indeferido o pedido de suspensão ou provido o agravo a que se refere o *caput* deste artigo, caberá novo pedido de suspensão ao presidente do tribunal competente para conhecer de eventual recurso especial ou extraordinário.

---- Comentários ----

67. Do novo pedido de suspensão

De conformidade com este parágrafo, do indeferimento do pedido de suspensão não caberá nenhum recurso. A pessoa jurídica interessada, todavia, poderá repetir o pedido perante o tribunal superior hierarquicamente àquele que indeferiu o pedido de suspensão. São eles: o STJ, a quem será dirigido o recurso especial, e ao STF, a quem será dirigido o recurso extraordinário.

A lei não exige que o pedido de suspensão esteja acoplado ao recurso especial ou ao recurso extraordinário. Mesmo porque, a exigência poderia obstar o pedido. A parte poderá ter o manejo do recurso especial, mas não ter o do recurso extraordinário por ausência de discussão e prequestionamento de tema constitucional. Todavia, se houver o recurso, nada impede que o pedido de suspensão seja acoplado ao mesmo. Nesse caso, em configurando a hipótese, deve ser considerada a prejudicialidade do recurso extraordinário em relação ao especial e vice-versa (§§ 2º e 3º, do art. 543, CPC).

§ 2º

§ 2º É cabível também o pedido de suspensão a que refere o § 1º deste artigo, quando negado provimento a agravo de instrumento interposto contra a liminar a que se refere este artigo.

---------------------------------- Comentários ----------------------------------

68. Do pedido de suspensão em sede de agravo de instrumento

Embora o parágrafo sob comento não o diga expressamente, mas deveria fazê-lo, posto que, em direito, compromete-se a qualidade da forma em prol da clareza, é de entender-se que, também aqui, o pedido de suspensão está atrelado aos argumentos citados no § 1º, *id est*, "para evitar grave lesão à ordem, à saúde, à segurança ou à economia públicas".

A possibilidade de prejuízos poderá apresentar-se de com extremada clareza que o legislador possibilitou uma outra oportunidade para viabilizar o instituto da suspensão, quando a pessoa jurídica interessada não teve sucesso em sede de agravo de instrumento. Este § 2º deve ser interpretado juntamente com o § 1º, o que significa que se a parte não tiver sucesso com o presidente do tribunal, poderá fazê-lo perante o STJ e o STF, em sendo o caso. Alerta-se com a Súmula n. 735, do STF: "Não cabe recurso extraordinário contra acórdão que defere medida liminar."

§ 3º

§ 3º A interposição de agravo de instrumento contra liminar concedida nas ações movidas contra o poder público e seus agentes não prejudica nem condiciona o julgamento do pedido de suspensão a que se refere este artigo.

---------------------------------- Comentários ----------------------------------

69. Da suspensão como ato autônomo

Afirma o parágrafo que o agravo de instrumento contra liminar concedida contra o poder público não prejudica, nem condiciona, o julgamento do pedido de suspensão a que se refere o artigo.

Tenha-se em mente que a discussão que se trava no âmbito do agravo de instrumento é para a retirada da liminar, vale dizer, retira-se o fato gerador do direito (liminar) e o mandado segue em primeiro grau até o julgamento do mérito, concedendo, ou não, a segurança. O pedido de suspensão ao presidente do tribunal, diversamente do agravo de instrumento, não persegue a desconstituição da liminar, mas apenas a suspensão dos seus efeitos, de forma provisória.

Se houver a concomitância do pedido de suspensão e do agravo de instrumento, duas hipóteses poderão ocorrer:

Primeira: o agravo de instrumento é julgado antes do pedido de suspensão e dá provimento com desconstituição da liminar. Nesse caso, o pedido de suspensão ao presidente do tribunal perde o objeto;

Segunda: o pedido de suspensão é julgado e a suspensão, acolhida. Se o agravo não for acolhido, nenhuma influência terá sobre a suspensão, dada a sua autonomia; se o agravo de instrumento for acolhido com a desconstituição da liminar, a decisão que concedeu a suspensão fica automaticamente sem efeito. Por óbvio, não poderá haver suspensão do que não mais existe.

§ 4º

§ 4º O presidente do tribunal poderá conferir ao pedido efeito suspensivo liminar se constatar, em juízo prévio, a plausibilidade do direito invocado e a urgência na concessão da medida.

──────── **Comentários** ────────

70. Do efeito suspensivo antes da apreciação da suspensão

A norma engloba dois conceitos vagos que são a urgência e a plausibilidade do direito invocado. O que o legislador quer dizer é que haja a presença do *fumus boni juris* e o *periculum in mora*, o que deveria ter dito em vez de ficar procurando termos substitutivos. A terminologia jurídica é técnica não se devendo trazer para o seu seio manias da comunicação coloquial. O binômio latino diz exatamente o que se quer, não necessitando da generalidade de "plausibilidade". Não desconhecemos, todavia, que até mesmo os Ministros da Excelsa Corte apresentam gosto pela substituição, fato que deve ter levado o legislador a adotar.

Se o pedido de suspensão for apreciado imediatamente e concedido, não haverá a necessidade de anteceder o efeito suspensivo; todavia, se houver demora na apreciação da suspensão, e havendo a verossimilhança sobre as alegações da parte e a possibilidade de prejuízo imediato ou futuro com difícil ou impossível reparação, o efeito suspensivo deverá ser deferido. Como dissemos anteriormente, os motivos para a suspensão não podem firmar residência somente em sede subjetiva ou de simples temor da parte, sem qualquer respaldo objetivo.

§ 5º

§ 5º As liminares cujo objeto seja idêntico poderão ser suspensas em uma única decisão, podendo o presidente do tribunal estender os efeitos da suspensão a liminares supervenientes, mediante simples aditamento do pedido original.

---------- Comentários ----------

71. Da suspensão conjunta de liminares

A verificação da identidade de liminares deverá ser cabalmente comprovada mediante a juntada de peças processuais emprestadas dos respectivos autos em que houve a concessão. Caberá ao presidente do tribunal a verificação da existência ou não de identidades entre as liminares, exigência inarredável para que possam ser suspensas em único ato. O dispositivo é dotado de praticidade, quando permite que às futuras liminares seja agregada a mesma decisão, por simples aditamento ao pedido liminar.

A existência de várias liminares com o mesmo objeto é mais ou menos comum. Muitas vezes, concedidas por jurisdições diferentes, causam certos transtornos administrativos, pois, cassada uma liminar, permanecem outras ou afloram outras. A possibilidade de suspensão de várias liminares propicia a celeridade e a concentração procedimental em único juízo. Obviamente, a jurisdição a qual pertence o presidente do tribunal deverá ser competente para a suspensão de todas as liminares. Se as liminares forem originárias de várias jurisdições, a competência será do Supremo Tribunal Federal. Diversamente do que se pode pensar, as partes a quem a liminar beneficia não serão ouvidas, não havendo aí nenhuma ofensa ao princípio do contraditório ou do devido processo legal. Não se aplica aqui a regra do litisconsorte necessário que marca presença no pedido inicial. A suspensão é ato que demanda urgência. Imagine-se o pedido de suspensão de dezenas de liminares em que os beneficiários fossem ouvidos! O elemento urgência ficaria comprometido e o instituto da suspensão estaria sem qualquer efeito prático e eficaz. Ter-se-ia criado o impasse. Segundo regras de hermenêutica, a interpretação não poderá levar ao impasse ou ao absurdo. A providência a ser tomada deve ser eficaz. De resto, não se pode trazer para a sede da segurança os enfoques probatórios da ação comum. Como visto no *caput*, a parte que se sentir prejudicada poderá fazer uso do agravo regimental que é sempre devido das decisões monocráticas.

Art. 16

Art. 16. Nos casos de competência originária dos tribunais, caberá ao relator a instrução do processo, sendo assegurada a defesa oral na sessão do julgamento.

---------- Comentários ----------

A redação do dispositivo sob comento registra algumas incoerências. Tem-se, afinal, "sessão do julgamento", quando o correto é "sessão de julgamento".

O "do" se aplicará a um caso concreto, enquanto o "de" é indefinido, ou seja, para todo e qualquer julgamento.

Outra erronia: caberá ao relator a "instrução do processo". No procedimento do mandato de segurança não existe instrução probatória. A locução "instrução do processo" leva ao entendimento errôneo de que existiria instrução processual. O correto é dizer: "cabe ao relator a direção do processo."

Outro erronia: "defesa oral". Na sessão de julgamento, não existe "defesa oral". Existe, isto sim, "sustentação oral" daquilo que se prequestionou no momento das informações defensórias ou na confecção da petição inicial. De conformidade com o art. 297, CPC, a defesa está contida na contestação. Constitui erro terminológico substituir "sustentação oral" por "defesa oral".

72. Das funções do relator

Ao relator cabe a direção procedimental do mandato de segurança. Com a distribuição do mandato de segurança a um relator pelo presidente do tribunal, firma-se o juiz natural no tribunal, do que resulta que todo e qualquer incidente processual será resolvido monocraticamente pelo relator. Embora o julgamento do mérito, das preliminares e das exceções sejam de competência do colegiado, ao relator caberá o estudo pormenorizado dos autos do processo e a elaboração da minuta que poderá transformar-se em acórdão, com a concordância unânime ou com o voto da maioria do colegiado. Exceção feita ao revisor autorizado legalmente a opor "ciente, data e assinatura" nos autos, os demais componentes do colegiado não poderão lançar cotas nos autos. Ao relator compete conceder, ou não, conceder pedido liminar; ou conceder liminar de ofício, em caso de urgência ou de possibilidade de prejuízo imediato ou futuro de difícil ou de impossível reparação. Excepciona-se o caso em que o Presidente do tribunal poderá conceder liminar urgente, antes da distribuição, podendo o relator designado confirmar, ou não, a liminar.

Parágrafo único

Parágrafo único. Da decisão do relator que conceder ou denegar a medida liminar caberá agravo ao órgão competente do tribunal que integre.

―――――――――――――― **Comentários** ――――――――――――――

73. Da concessão ou denegação de liminar pelo relator

O tema de concessão, ou não, de liminar em primeiro grau está normatizado no § 1º, do art. 7º, da lei. Este parágrafo único cuida da concessão, ou não, de liminar pelo relator e a possibilidade da parte interessada manejar o agravo regimental. Registre-se a superação pela Lei n. 12.016/09 da Súmula n. 622 do Supremo Tribunal Federal: "Não cabe agravo regimental contra decisão do relator que concede ou indefere liminar em mandado de segurança." Remetemos o leitor aos comentários do § 1º, do art. 7º.

Art. 17

Art. 17. Nas decisões proferidas em mandado de segurança e nos respectivos recursos, quando não publicado, no prazo de 30 (trinta) dias, contado da data do julgamento, o acórdão será substituído pelas respectivas notas taquigráficas, independentemente de revisão.

―――――――― Comentários ――――――――

74. Da publicação de notas taquigráficas

Existe um certo desencontro entre a norma e a realidade vigente, uma vez que nem todos os tribunais registram as audiências em notas taquigráficas. A norma se nos afigura demasiadamente romântica. O ideal é que o acórdão devidamente revisado seja publicado. Na prática, já existe essa preferência procedimental para o mandado de segurança. Todavia, fatores outros podem apresentar óbice à celeridade, *v. g.*, deficiência material e de pessoal. Receamos que a norma não tenha a receptividade esperada. Em que pese o caráter cogente da norma, ela encontra obstáculos na própria realidade, já que não existe obrigatoriedade legal para que as audiências sejam registradas por normas taquigráficas.

Art. 18

Art. 18. Das decisões em mandado de segurança proferidas em única instância pelos tribunais cabe recurso especial e extraordinário, nos casos legalmente previstos, e recurso ordinário, quando a ordem for denegada.

―――――――― Comentários ――――――――

75. Das decisões de única jurisdição e respectivo recurso

A norma sob comento cuida dos julgamentos realizados em jurisdição única pelos tribunais, isto é, quando a apreciação do *writ* é de competência originária do tribunal. Se o julgamento concessivo da ordem for proveniente da justiça comum estadual ou federal, o recurso cabível será o recurso especial para o Superior Tribunal de Justiça. Se o julgamento envolver tema legal e constitucional, a parte poderá manejar também o recurso extraordinário sem desprestígio do art. 543, §§ 2º e 3º, do CPC. O prazo para ambos os recursos será de 15 (quinze) dias. No caso de denegação da ordem, o recurso cabível será o recurso ordinário constitucional.

75.1. Da natureza jurídica do recurso ordinário

Cuida-se de meio impugnatório de decisões com previsão constitucional (arts. 102, II, 105, II, da Constituição Federal). Dispõe o art. 539, I, CPC, que "Serão julgados em recurso ordinário: I — pelo Supremo Tribunal Federal, os mandados de segurança, os *habeas data* e os mandados de injunção decididos em única instância pelos Tribunais Superiores, quando denegatória a decisão; II — pelo Superior Tribunal de Justiça: a) os mandados de segurança decididos em única instância pelos Tribunais Regionais Federais ou pelos Tribunais dos Estados e do Distrito Federal e Territórios, quando denegatória a decisão; b) as causas em que forem partes, de um lado, Estado estrangeiro ou organismo internacional e, do outro, Município ou pessoa residente ou domiciliada no país". Para os requisitos de admissibilidade, deve ser observado as normas preceptivas do art. 540, CPC.

O recurso ordinário constitucional já era previsto na Constituição de 1946 (art. 101, inciso II e alíneas *a* e *b*). Esse mesmo recurso, segundo Pontes de Miranda (*Comentários à Constituição de 1946*. v. 2, p. 222) era utilizado no caso de *habeas corpus*. Ver art. 105, II, *a* e *b* da Constituição de 1988. Tinha-se em tais hipóteses espécie de uma terceira jurisdição, o que nos afigura excesso de zelo, numa época em que a Excelsa Corte estava assoberbada de processos. A partir da Emenda Constituição de 1969, houve modificação do instituto, conforme se verifica no art. 129. O tema, hoje, está também previsto no art. 105, II, CF.

75.2. Do princípio da fungibilidade

Verifica-se na prática do manejo de recursos uma certa dificuldade por parte de advogados, mormente quando afastados de temas constitucionais. Daí o uso indevido da apelação. A jurisprudência vem se bipartindo no sentido de considerar, ou não, erro grosseiro para determinar o processamento. Temos para nós que o denominado erro grosseiro na adequação do recurso deve ser enfrentado em termos de dificuldade do manejo do recurso próprio, *v. g.*, não se admite que a parte, em vez de agravo de instrumento, utilize o recurso de apelação. É o mínimo que se pode exigir do advogado, portador de dignificante título universitário.

O erro grosseiro está diretamente ligado ao conhecimento comum, médio e razoável que todo advogado deve ter e da dificuldade que o recurso apresente. Essa análise não pode ser simplesmente feita sob uma visão subjetiva do juiz ou de uma atitude produto de idiossincrasia. De resto, do processamento, ou não, estará em jogo a ampla defesa garantida constitucionalmente. A regra a ser adotada será a do princípio da fungibilidade. A não aplicação deve ser entendida em sede de exceção. O art. 247 do Regimento Interno do STJ bem demonstra a proximidade do recurso ordinário constitucional com o recurso de apelação, merecendo idêntico tratamento. Vale dizer, o recurso ordinário constitucional tem as mesmas características da apelação.

A jurisprudência do Superior Tribunal de Justiça já decidiu pela existência de erro grosseiro (RMS 7.751-MA, rel. Min. Jorge Scartezzini, DJU 14.1.00). Decorridos alguns anos, encontramos entendimento mais rente com a realidade, acolhendo o princípio das fungibilidade: RMS 12.550-RJ, rel. Min. Eliana Calmon, DJU 12.8.02; RMS 20.615-GO, rel. Min. Felix Fischer. DJU 20.3.06; RMS 20.052-M , rel. Min. Arnaldo Esteves Lima, DJU 7.5.07.

Nota: a mudança de posição é auspiciosa à medida em que compete ao STJ dar última interpretação sobre lei federal. Não deve o magistrado dar maior enfoque à celeridade. Esta deve conviver harmonicamente com a prestação jurisdicional ampla e justa.

75.3. Do recurso ordinário em sede trabalhista

Do mandado de segurança de competência originária do Tribunal Regional do Trabalho, cujo julgamento conceda ou denegue a segurança, terá cabimento o recurso ordinário para o Tribunal Superior do Trabalho. Este recurso nenhuma similaridade tem com o recurso ordinário constitucional. O prazo do recurso é de 8 (oito) dias. Esse mesmo recurso será devido para os julgamentos concessivos, ou não, de *habeas corpus*, de *habeas data*, de ação rescisória, de ação anulatória e de ação civil pública. Se no julgamento houver prequestionamento de matéria constitucional, a parte interessada poderá usar do recurso extraordinário. Todavia, a matéria constitucional deverá ser analisada pelas jurisdições ordinárias e pelo TST. Somente após esta última análise, terá cabimento o recurso extraordinário.

Art. 19

Art. 19. A sentença ou o acórdão que denegar mandado de segurança, sem decidir o mérito, não impedirá que o requerente, por ação própria, pleiteie os seus direitos e os respectivos efeitos patrimoniais.

Comentários
---

76. Do emprego do termo denegar

A afirmação, "denegar mandado de segurança, sem decidir o mérito", não está em conformidade com a terminologia jurídica. Não será possível denegar a segurança sem decidir o mérito. O juiz ou o tribunal, quando denega a segurança, já superou os pressupostos de admissibilidade, as condições da ação e outros pressupostos especiais, entre eles, a tempestividade, e adentrou ao mérito. Ao adentrar ao mérito, o juiz ou o tribunal verificou a inexistência de direito líquido e certo, daí a denegação da segurança. Quando se concede ou se denega a segurança, a sentença ou o acórdão transitará em julgado. Quando não se decide o mérito, haverá a extinção do processo sem a resolução do mérito (art. 267, CPC) por algum dos motivos ali elencados. Justamente por não denegar a segurança, mas por indeferir o pedido pela ausência de algum requisito impeditivo de julgamento do mérito, é que o impetrante poderá se ajuizar ação própria. E poderá fazê-lo porque não houve trânsito em julgado. A palavra "denegar" deve ser substituída por "extinguir" para que se conforme com a tecnologia e com a terminologia jurídica.

76.1. Da ausência ou insuficiência de prova

Superados os requisitos de admissibilidade do mandado, a segurança poderá ser denegada por ausência ou insuficiência de prova da existência de direito líquido e certo. Nesse caso, haverá o julgamento do mérito. Todavia, a decisão que vier a ser proferida não transitará em julgamento materialmente, propiciando ao impetrante perseguir o seu direito por meio de ação própria, ou ação ordinária em que terá todas as possibilidades de ampla defesa.

Nesse sentido, dispõe a Súmula n. 304 do STF: "Decisão denegatória de mandado de segurança, não fazendo coisa julgada contra o impetrante, não impede o uso da ação própria".

A súmula dispõe sobre as hipóteses em que a segurança foi denegada por ausência ou insuficiência de prova. Nesse caso, haverá o julgamento meritório, mas não se formará a coisa julgada material. Essa é uma regra própria do *writ* e também da ação popular, da ação civil pública e que traduz o princípio do Código de Defesa do Consumidor.

Art. 20

Art. 20. Os processos de mandado de segurança e os respectivos recursos terão prioridade sobre todos os atos judiciais, salvo *habeas corpus*.

Comentários
---

77. Da prioridade no julgamento

O mandado de segurança, a exemplo do que sucede com o *habeas corpus*, tem preferência de julgamento sobre os demais processos. O mandado, também conhecido como remédio heróico, tem por escopo rever ilegalidade cometida por ato de autoridade pública que cause prejuízo imediato ao impetrante ou que tenha potencial para causar prejuízos futuros de difícil ou de impossível reparação. É de interesse do Estado que seja sanada qualquer ilegalidade proveniente de autoridade, cujo dever é de agir em conformidade com a lei. Todavia, não é o que sói acontecer. A prática judiciária é prenhe de exemplos de ilegalidades praticadas por abuso de poder, por despreparo da autoridade que, muitas vezes, é colocada em cargo para a qual não está preparada, ou até mesmo por vaidade pessoal se comete ilegalidade, quando a autoridade não tem senso de razoabilidade e acha que pode tudo. O writ é remédio processual inspirado nos desmandos do poder público e com o escopo de combater esses desmandos.

Segundo Visconde do Uruguai, durante o domínio lusitano, nada foi feito, nem se podia fazer. Os poderes Judiciário e Administrativo confundiam-se em um só. O governo absolutista e imperante na Monarquia detinha poderes para avocar processo judicial e decidi-lo da maneira que mais lhe conviesse (*Ensaios sobre direito administrativo*. v. I, p. 136-137). Lembra Rui Barbosa, após a proclamação da República e com a Constituição de 1891 é que foi abolido o contencioso administrativo, então, vigente. Daí em diante, todas as causas sob a jurisdição do mencionado contencioso passaram à competência do Poder Judiciário (*Comentários à Constituição Federal do Brasil*. v. IV, p. 430-431), dados coligidos por Homero Pires e Pedro Lessa. (*Do Poder Judiciário*. p. 143-152). Deve-se à João Mangabeira a inclusão do writ na Constituição de 1934, art. 113, n. 33. A Lei n. 191, de 16.1.36, regulamentou o mandado de segurança, excluindo do seu âmbito a liberdade de locomoção e as questões políticas disciplinares. A Constituição de 1937 omitiu o mandado de segurança, passando ele a ser regido pela legislação ordinária. O DL n. 6, de 16.11.37, proibiu o uso do remédio heróico contra atos do Presidente da República, do ministro de Estado e dos governadores interventores. Estávamos em pleno regime getulista com fortes tendências ditatoriais, simpatizante do regime imposto à Itália por Benito Mussolini. O mandado de segurança readquiriu o *status* de garantia constitucional a partir da Constituição de 1946. A Constituição atual o prevê no art. 5º, LXIX e LXX, com a novidade de haver instituído o mandado de segurança coletivo.

77.1. Do controle de julgamentos

O Regimento Interno dos Tribunais devem conter, expressamente, o procedimento a ser seguido para o julgamento do mandado de segurança e o seu julgamento no máximo de 30 (trinta) dias. As secretárias das Turmas, das Câmaras, dos Grupos de Turmas, do Órgão Especial, do Pleno, a quem estiver afeto o processamento deverá efetuar rigoroso controle sobre os mandados de segurança que lhe estão afetos. O presidente do Tribunal deverá manter rigoroso controle sobre os julgamentos dos *writs* e a obediência de prazo. Melhor ainda seria que a Corregedoria Geral da Justiça do Trabalho mantivesse controle mensal sobre os julgamentos dos *writs*, mediante envio de lista com data de impetração e de julgamento. Esse controle deve ser feito, com certo rigor, posto que, na prática, os mandados de segurança não são julgados com a preferência que a lei exige. É comum encontrar-se julgamentos levados a efeito meses ou anos depois da impetração. A justificativa é sempre a de excesso de processos. Todavia, mesmo numa situação de excesso pode-se eleger a preferência. A justificativa de excesso se nos afigura sem o pé na razoabilidade.

Ao falar em processo de mandado de segurança, a lei não se limita somente ao pedido de segurança em si, mas a todas as suas consequências e atos procedimentais. Tudo será preferencial: a remessa ao relator, a análise do processo para a concessão, ou não, de liminar requerida pelo impetrante, a concessão de liminar de ofício, em sendo o caso de possibilidade de perda de direito. Também o processamento do agravo de instrumento, no caso de concessão ou não de preliminar, deverá ter processamento preferencial, com remessa ao tribunal e julgamento. Efetuado o julgamento de mérito, concedendo ou negando a segurança, em havendo recurso, este deverá ser julgado em ordem preferencial, não se atrelando à data de chegada ao tribunal, regra aplicável somente às ações comuns. Tudo isso é necessário para que a entrega da jurisdição se faça no menor espaço de tempo possível. Nota-se uma preocupação insistente do legislador ao repetir no *caput* do art. 20, a mesma regra já inscrita no § 4º, do art. 7º da Lei n. 12.016/09.

77.2. Da prioridade do idoso ou portador de doença grave

A lei prevê a prioridade de processamento e de julgamento em todas as jurisdições daquelas ações em que figure na qualidade de parte ou de interessado pessoa com idade igual ou superior a 60 (sessenta) anos, ou que seja portadora de doença grave. Também aqui, a preferência é total, não se podendo vingar a justificativa de excesso de processos. Os artigos abaixo indicados sofreram modificações de conformidade com a Lei n. 12.008/09, que tornaram o comando legal mais incisivo. A idade de 65 (sessenta e cinco) anos foi baixada para 60 (sessenta). Retirou-se do art. 1.211-C a exigência de que o cônjuge supérstite, companheiro ou companheira em união estável, tivesse idade superior a 65 (sessenta e cinco) anos. Retirou-se o quesito idade em caso de morte do cônjuge ou do companheiro ou companheira em união estável. A circunstância de ser o idoso e/ou portador de doença grave deve ser anotada em lugar visível na capa dos autos do processo (art. 71, § 1º, do Estatuto do Idoso — Lei n. 10.741/03).

Art. 1.211-A. Os procedimentos judiciais em que figure como parte ou interessado pessoa com idade igual ou superior a 60 (sessenta) anos, ou portadora de doença grave, terão prioridade de tramitação em todas as instâncias. (Redação dada pela Lei n. 12.008, de 2009).

Art. 1.211-B. A pessoa interessada na obtenção do benefício, juntando prova de sua condição, deverá requerê-lo à autoridade judiciária competente para decidir o feito, que determinará ao cartório do juízo as providências a serem cumpridas. (Redação dada pela Lei n. 12.008, de 2009).

Art. 1.211-C. Concedida a prioridade, essa não cessará com a morte do beneficiado, estendendo-se em favor do cônjuge supérstite, companheiro ou companheira, em união estável. (Redação dada pela Lei n. 12.008, de 2009).

Os artigos retro tiveram suas redações conformadas ao artigo 71 do Estatuto do Idoso (Lei n. 10.741/2003).

Art. 71. É assegurada prioridade na tramitação dos processos e procedimentos e na execução dos atos e diligências judiciais em que figure como parte ou interveniente pessoa com idade igual ou superior a 60 (sessenta) anos, em qualquer instância.

§ 1º O interessado na obtenção da prioridade a que alude este artigo, fazendo prova de sua idade, requererá o benefício à autoridade judiciária competente para decidir o feito, que determinará as providências a serem cumpridas, anotando-se essa circunstância em local visível nos autos do processo.

§ 2º A prioridade não cessará com a morte do beneficiado, estendendo-se em favor do cônjuge supérstite, companheiro ou companheira, com união estável, maior de 60 (sessenta) anos.

§ 3º A prioridade se estende aos processos e procedimentos na Administração Pública, empresas prestadoras de serviços públicos e instituições financeiras, ao atendimento preferencial junto à Defensoria Publica da União, dos Estados e do Distrito Federal em relação aos Serviços de Assistência Judiciária.

§ 4º Para o atendimento prioritário será garantido ao idoso o fácil acesso aos assentos e caixas, identificados com a destinação a idosos em local visível e caracteres legíveis.

§ 1º

§ 1º Na instância superior, deverão ser levados a julgamento na primeira sessão que se seguir à data em que forem conclusos ao relator.

──────────────── Comentários ────────────────

78. Da prioridade na jurisdição superior

O termo instância deve ser substituído, hoje, por jurisdição, mais coerente com o sistema processual.

Na jurisdição *ad quem*, o *writ* deve gozar de especial preferência. Como vimos pelo § 2º, cujo comentário vem a seguir, o prazo para a conclusão dos autos não poderá exceder de 5 (cinco) dias. O impetrado enviará informações no prazo de 10 (dez) dias (inciso I, do art. 7º); o membro do Ministério Público apresentará o seu parecer em 10 (dez) dias (art. 12). Com ou sem as informações, com ou sem o parecer, os autos serão conclusos ao juiz para a decisão que deverá ser proferida no prazo de 30 (trinta) dias (parágrafo único, do art. 12). Na sessão de julgamento, que será a primeira a seguir à conclusão dos autos ao relator, as partes poderão produzir sustentação oral (não é defesa oral, conforme está expresso no art. 16). A seguir, o relator lerá o seu voto e o primeiro voto a ser colhido é o do revisor; em seguida, colher-se-á voto dos demais juízes do colegiado. A preferência de que fala a lei é superior àquela dada pelo Regimento Interno ao julgamento do agravo de instrumento. E o agravo de instrumento interposto de liminar tem preferência sobre o agravo de instrumento das ações comuns. Ver item 77.1.

78.1. Da prioridade no Regional trabalhista

O trâmite equivale ao do processo comum. O mandado de segurança terá preferência sobre os agravos de instrumento e os agravos de petição. Ver item 77.1.

§ 2º

§ 2º O prazo para a conclusão dos autos não poderá exceder de 5 (cinco) dias.

Comentários
---

79. *Do prazo para a conclusão dos autos*

Este parágrafo poderia perfeitamente estar contido no parágrafo primeiro.

Na prática, esse prazo dificilmente será cumprido. Não só por ser exíguo, como pela cultura que já se criou no Judiciário, em que os prazos dificilmente são cumpridos. Embora a lei não diga, expressamente, que não haverá revisor, não se está levando em conta o tempo necessário para que o revisor desempenhe a sua função. A presença de revisor em todas as ações, com maior razão no julgamento do *mandamus*, diz respeito à segurança do julgamento e à análise percuciente de questões complexas. A visão do relator e do revisor facilita o julgamento no colegiado, quer haja concordância de ambos, quer haja discordância, posto que a matéria será facilmente colocado para a análise do colegiado. Remetemos ao item 77.1.

Art. 21

Art. 21. O mandado de segurança coletivo pode ser impetrado por partido político com representação no Congresso Nacional, na defesa de seus interesses legítimos relativos a seus integrantes ou à finalidade partidária, ou por organização sindical, entidade de classe ou associação legalmente constituída e em funcionamento há, pelo menos, 1 (um) ano, em defesa de direitos líquidos e certos da totalidade, ou de parte, dos seus membros ou associados, na forma dos seus estatutos e desde que pertinentes às suas finalidades, dispensada, para tanto, autorização especial.

―――――――――――― Comentários ――――――――――――

80. Da legitimidade para o mandado de segurança coletivo

Este artigo está tecnicamente mal formulado. Deveria ser construído de um *caput* e as duas hipóteses colocadas em inciso ou alíneas.

> Art. 21. Tem legitimidade para impetrar mandado de segurança coletivo:
>
> I – Partido político com representação no Congresso Nacional, na defesa de seus interesses legítimos relativos a seus integrantes ou à finalidade partidária;
>
> II – Organização sindical, entidade de classe ou associação legalmente constituída e em funcionamento há, pelo menos, 1 (um) ano, em defesa de direitos líquidos e certos da totalidade, ou de parte, dos seus membros ou associados, na forma dos seus estatutos e desde que pertinentes à suas finalidades, dispensada, para tanto, autorização especial.

80.1. Da legitimidade de partido político

> I – Partido político com representação no Congresso Nacional, na defesa de seus interesses legítimos relativos a seus integrantes ou à finalidade partidária;

Dispõe o art. 5º, inciso LXX, da Constituição Federal que "O mandado de segurança coletivo pode ser impetrado por: a) partido político com representação no Congresso Nacional".

De conformidade com o § 2º, do art. 17, da Constituição Federal: "Os partidos políticos, após adquirirem personalidade jurídica, na forma da lei civil, registrarão seus estatutos no Tribunal Superior Eleitoral." O que significa que a representação será feita por aquelas pessoas designadas no estatuto.

O mandado de segurança coletivo veio preencher lacuna normativa que há muito tempo era apontada, principalmente, por associações de classe para a defesa difusa dos seus membros. As investidas nesse sentido foram infrutíferas por falta de autorização legal, já que somente o detentor do direito substancial está legitimado à defesa dos seus próprios direitos. A substituição processual exige a existência de lei autorizativa (art. 6º, CPC).

Daí as lições de Celso Agrícola Barbi: "A conclusão, portanto, é a de que, em mandado de segurança, como em qualquer ação, ninguém pode ingressar em juízo para defesa de direito alheio, isto é, como 'substituto processual', sem lei que o autorize. A associação, por conseguinte, só pode vir a juízo para defesa de direito próprio, não para postular direitos de seus associados (*Do mandado...* p. 97). O inciso sob comento veio romper de vez com a proibição que, até então, esteve a viger. Abriu-se o caminho para a defesa difusa na qualidade de legitimação extraordinária ou substituição processual. Referido inciso LXX sob comento deve ser interpretado de forma sistemática com o inciso XXI: "as entidades associativas, quando expressamente autorizadas, têm legitimidade para representar seus filiados judicial e extrajudicialmente." Nota: o termo "representar" está mal colocado e deve ser entendido como "substituir". Na qualidade de substituto, não haverá a necessidade de mandato especial para a espécie. A exigência de mandato especial ou qualquer autorização descaracterizaria o mandado coletivo. Entretanto, tenha-se em mente que a legitimação coletiva não significa o alijamento do mandado de segurança individual. Nesse sentido, alerta Celso Ribeiro Bastos: "Uma primeira afirmação pode ser feita de forma peremptória: é a de que o exercício da modalidade coletiva, por uma pessoa jurídica habilitada, não exclui a possibilidade da utilização do mandado de segurança individual. Nada na Constituição deixa entrever que a modalidade coletiva de defesa de um direito possa sufocar um legítimo interesse, por vezes demonstrado pelo requerente, em fazer uso de sua prerrogativa de defender-se pessoalmente."

Interessante notar que, de conformidade com a Constituição (inciso LXX, art. 5º), não há restrição à legitimidade do partido político no manejo do Mandado de Segurança Coletivo, desde que possuía representação no Congresso Nacional. Vale dizer, pela Constituição, o partido político pode defender direitos de eleitores em potencial na sua coletividade. Eis o exemplo: O jornal *O Estado de S. Paulo*, de 9.2.92, caderno "Cidade", p. 3, noticiou a impetração de mandado de segurança coletivo por partido político em defesa dos municípios, no caso do IPTU. Evidente que a defesa abrangia municípios com prefeitos do partido e de outros partidos.

A nova lei do mandado de segurança restringiu a legitimação do partido aos seus interesses legítimos e dos seus integrantes ou à finalidade partidária. Integrantes são aqueles filiados ao partido. Finalidade partidária diz respeito aos objetivos e filosofia perseguidos pelo partido. A legitimação ficou restrita a assuntos *interna corporis*.

A restrição ora trazida em sede de segurança não se estende naturalmente a outras ações coletivas. Não em função da equiparação do partido político com associação, mas pelo fato de a Constituição (art. 5º, LXX) não haver feito qualquer restrição. Temos como incorreta a aproximação do partido político com as associações, como se a natureza jurídica fosse similar (COSTA, Célio Silva. *A interpretação constitucional e os direitos e garantias fundamentais na Constituição de 1988*. Rio de Janeiro: Líber Jus, 1992. p. 758). A própria Constituição, quando quis fazer a aproximação, fê-lo com o sindicato, do qual a associação poderá ser o embrião ou célula *mater*. Ademais, desnecessário qualquer esforço interpretativo ampliativo, face ao art. 103, VIII, da Constituição Federal.

À primeira vista, poder-se-ia pensar na inconstitucionalidade da restrição imposta pela Lei n. 12.016/09, já que a Constituição não fez nenhuma restrição. Mas também não fez nenhuma proibição a esta parte. E onde não há proibição, a lei ordinária pode operar restrição. Nesse caso, a nova lei de segurança opera como verdadeira interpretação autêntica do inciso LXX, do art. 5º, posto que originária do Congresso Nacional.

Note-se que o art. 21, *caput*, sob comento não tinha correspondente na Lei n. 1.533/51, revogada. Do que resulta que a doutrina ampliativa da legitimação capitula diante da Lei n. 12.016/09 que, expressamente, restringe o conteúdo operacional do mandado de segurança coletivo "a defesa de seus interesses legítimos relativos a seus integrantes ou à finalidade partidária, ou pó organização sindical , entidade de classe ou associação legalmente constituída..." Nova doutrina e nova jurisprudência deverá ser formada com fulcro na nova legislação.

80.2. Da legitimação de organização sindical

II — Organização sindical, entidade de classe ou associação legalmente constituída e em funcionamento há, pelo menos, 1 (um) ano, em defesa de direitos líquidos e certos da totalidade, ou de parte, dos seus membros ou associados, na forma dos seus estatutos e desde que pertinentes à suas finalidades, dispensada, para tanto, autorização especial.

Compreende na organização sindical os sindicatos, órgãos de representação dentro de uma determinada base territorial, tendo em conta o princípio da unicidade sindical, as federações, órgãos de representação dentro do Estado, e confederações que tem a sua representação no território nacional. As federações e as confederações são associações sindicais de grau superior. A soma de 5 (cinco) sindicatos , desde que represente a maioria absoluta de um grupo de atividades ou profissões idênticas, similares e conexas, dá direito a organizar uma federação. O Ministro do Trabalho poderá autorizar a formação de federal com representação interestadual ou nacional. Um mínimo de três federações poderá dar ensejo à criação de uma confederação.

80.2.1. Dos requisitos para a legitimação

Procurou o legislador precaver-se contra sindicalistas de plantão e exigiu que a organização sindical estivesse funcionando a pelo menos um ano, em defesa do interesse de seus membros. A ausência desse requisito temporal direciona para a ilegitimidade e terá por consequência o indeferimento da petição inicial de impetração do dissídio coletivo. Se o impetrante for sindicato, deverá comprovar juntamente com a petição que satisfaz a esse requisito constitucional, que se traduz num dos requisitos de admissibilidade da ação de segurança coletiva. Essa exigência também é imposta às associações (art. 5º, XXI, da Constituição Federal).

No tocante à atuação do órgão sindical, o TJ/SP vinha decidindo no sentido de que a legitimação só se dava, quando atuasse em defesa de toda a categoria, sob o argumento de que a Constituição somente autorizava a defesa de toda a categoria (TJSP, Ap. Civ. 131.670-5, j. 21.06.2001, rel. Des. Paulo Franco, JTJ 249/185. Precedentes: Ap. Civ. 30.521-5, rel. Des. Luiz Ganzerla). A erronia interpretativa que vinha sendo cometida foi superada pela Súmula n. 630, do STF: "A entidade de classe tem legitimação para o mandado de segurança ainda quando a pretensão veiculada interesse apenas a uma parte da respectiva categoria."

A legitimação só se aplica aos direitos de transindividuais de natureza indivisível e aos direitos individuais homogêneos (incisos I e II, do art.21).

80.2.2. Dos membros ou associados

A locução "membros ou associados" não é composta de vocábulos sinônimos. A palavra membro se refere à categoria econômica ou profissional que abrange associados e não associado. Associados são aqueles membros da categoria que aderiram ao sindicato e dele se tornaram sócios contribuintes. Os membros da categoria que não se associaram não estão obrigados à contribuição sindical. O fato de ser associado não significa que os benefícios conseguidos pelo sindicato só beneficiem os membros da categoria que forem associados. Todo trabalhador está obrigado a pagar o famigerado "imposto sindical", cujo valor é de um dia do salário em cada ano. Houve um movimento para a extinção desse ônus que pesa sobre todo trabalhador, mas venceu o conchavo entre o governo, as centrais sindicais e a conivência e a leniência do legislativo. Por fim, governo e centrais sindicais engordaram os seus cofres com algumas dezenas de milhões de reais às custas da sofrida classe dos trabalhadores.

80.2.3. Da dispensa de autorização especial

A discussão encetada pelo sindicato em sede de mandado de segurança coletivo deve estar em conformidade com os seus estatutos, desde que pertinentes às suas finalidades. Conformando-se a essas exigências, não necessitará de "autorização especial" da categoria, de parte dela, ou dos associados ou partes destes. A posição do sindicato, como veremos a seguir, é a de legitimação extraordinária, denominação dada por Chiovenda, ou de "substituto processual" nos moldes do art. 6º, CPC, e do art. 8º, inciso III, da Constituição Federal.

80.2.4. Do duplo grau de jurisdição

Não se tem, no mandado de segurança coletivo a figura de um instituto novo, dotado de princípios próprios ou com peculiaridades que o diferenciam do *writ* individual. Trata-se do mesmo instituto mandamental que, agora, dá legitimidade ao partido político e às organizações sindicais e associações para atuarem na qualidade de substituto processual no âmbito coletivo.

Embora não descartemos as regras já delineadas pela lei, pela doutrina e pela jurisprudência sobre a exigência do duplo grau, sempre que a segurança for concedida, excepcionaremos o duplo grau em âmbito trabalhista, quando o impetrado for juiz de primeiro grau ou de tribunal *ad quem*, ou quando a decisão provier de colegiado com competência originária, hipóteses em que não haverá necessidade do duplo grau. Não se pode perder de vista que o conteúdo defendido pelo mandado de segurança coletivo tem similaridade com aquele conteúdo defendido em sede de ação popular.

Embora, nesta, a abrangência seja maior, o mandado de segurança coletivo poderá, também, abranger milhões de trabalhadores de uma mesma categoria econômica ou profissional, circunstância que alerta para uma proteção maior. Sabe-se, na prática judicante, que existem sindicatos de excelente representatividade e outros, nem tanto, e existem aqueles fundados com o objetivo de receber benesses, como a do "imposto sindical". O mesmo se pode dizer dos partidos políticos e dos seus deputados e senadores. Não se pode ser ingênuo ao extremo de acreditar que, nas substituições coletivas, tudo transcorrerá dentro da ética e da moral. Deve-se confiar desconfiando para que o Poder Judiciário não venha a servir de "biombo" para conchavos. Assim, é aconselhável que, para maior proteção dos substituídos, sejam aplicadas as regras previstas no *caput* do art. 19 da Lei n. 4.717/65 (Ação Popular), *id est*, seja exigido o duplo grau de jurisdição quando a segurança coletiva for julgada improcedente ou o processo for extinto sem o julgamento do mérito.

81. Do substituto processual

A denominação "substituição processual" foi batizada por Giuseppe Chiovenda (*Instituições*. vol. II, p. 300-308), que a introduziu no Direito italiano e que, hoje, é aceita pela quase unanimidade da doutrina. À época, o instituto, todavia, não fora aceito por processualistas de peso intelectual, como Salvatore Sata e Ugo Rocco. Contudo, os juristas discordantes não divergiam substancialmente da conceituação, pois entendiam que a chamada substituição processual nada mais seria do que o ingresso de alguém em juízo para, em nome próprio, defender direito alheio, ocupando a posição de autor ou de réu. Entretanto, como veremos no desenvolver destes comentários, o chamado substituto processual oferece contornos e peculiaridades que o diferenciam de um simples autor e réu, titulares do direito substancial. Embora possa o substituto ocupar o polo ativo ou passivo, na qualidade de autor ou de réu, o "DNA" de cada qual, se comparado, indicará diferenças profundas que o separam das partes normais da relação processual. Não se pode, porém, analisar o instituto da substituição processual sem que façamos rápida análise sobre outros institutos que, em certos momentos, têm proximidade promíscua e, em outros, avultam em distinção.

81.1. Da legitimação ordinária

O titular do direito substancial, dito credor, bem aquele contra quem se propõe uma ação, desde que seja o devedor, são legitimados ordinariamente para estarem em juízo. O autor, para figurar corretamente no polo ativo, deverá ser qualificado para agir (legitimidade *ad causam* ativa) e ser titular de um direito legalmente protegido (possibilidade jurídica do pedido), *v. g.*, possui uma nota promissória vencida, sem que o devedor tenha honrado o pagamento. O credor beneficiário de uma nota promissória tem o direito de receber o pagamento. Como o devedor é inadimplente, nasce para o credor o chamado interesse processual, para pedir a intervenção do Poder Judiciário para resolver o impasse e fazer com que o devedor seja condenado ao pagamento. E, se mesmo assim, continuar renitente, o Estado instaurará execução aparelhada, quando, então, o devedor terá seus bens penhorados e levados à hasta pública e o dinheiro apurado aplicado no pagamento da obrigação. O réu, por sua vez, deverá ser o responsável pela obrigação discutida em juízo, ou seja, deverá possuir legitimidade *ad causam* passiva. Se autor ou réu não tiver a legitimidade *ad causam*, não poderá figurar no polo ativo ou passivo da demanda. Essa é a regra exigida na ação em que contendem, entre si, o titular de um direito substancial e o responsável por esse direito, cuja resistência obrigou o autor a propor a ação.

81.2. Da origem da substituição processual

Constata Waldemar Mariz de Oliveira Jr. que, em 1886, Kohler houve trabalho versando sobre o usufruto com poderes de disposição (*Der Dispositionsniessbrauch*). Nesse trabalho de valor excepcional, levantaram-se, pela primeira vez, os contornos do fenômeno da "substituição processual". Todavia, os estudos levados a efeito por Kohler foram desenvolvidos no campo do direito material. Para ele, substituição processual era uma relação envolvente de direito substancial existente entre substituto e substituído. Com essa concepção, concedia ao substituto o poder substancial de conduzir o processo em nome próprio, relativamente a um direito do substituído, de tal modo que os efeitos substanciais do processo — entre os quais, ele indicava em primeiro lugar a coisa julgada — atingiam também o substituído, embora não houvesse participado do mesmo processo (*Garbagnati*). Hellwig transportou o conceito de substituição processual para o direito processual, o qual se referia ao "direito de conduzir o processo" (*Prozessfuhrungsrecht*). No direito italiano, o instituto foi introduzido por Giuseppe Chiovenda, que lhe conferiu o nome pelo qual é conhecido hoje na doutrina do processo, em todo o mundo. A substituição processual passou a ser enquadrada no âmbito da legitimação extraordinária (Andrioli, Zanzucchi, Garbagnati, Calamandrei), opondo-se à legitimação ordinária que tem nos polos ativo, o titular do direito material, e no passivo, o responsável pela obrigação. A legitimação extraordinária pode ser conceituada como o "instituto pelo qual é conferido a alguém, que não é titular do direito material, legitimação para, em nome próprio, agir em juízo, como autor ou réu, na defesa de direito alheio". (*Substituição processual*. São Paulo: RT, 1971. p. 87-90).

81.3. Da crítica ao instituto da substituição processual

O instituto, embora consagrado, merece crítica. Na verdade, aquele que defende em juízo, em nome próprio, direito alheio, não substitui o titular no que diz respeito ao direito substancial, pois a substituição se dá no campo meramente processual, ocupando a posição que ocuparia o titular do direito material na legitimação ordinária. É bem verdade que a substituição processual deisa reflexos no campo material, podendo perder ou ganhar a ação, mas o direito material não deixa de ser do credor e a obrigação de honrar a dívida não deixa de ser do devedor. E isso é tão verdade, que o substituto não pode praticar certos atos processuais que somente o substituído poderia fazê-lo.

81.4. Das restrições ao substituto processual

O substituto processual, como vimos, não substitui o titular na relação substancial, muito embora como um dos elementos da relação processual (legitimação extraordinária), seus atos tenham reflexo na decisão da lide e o substituído possa perder ou ganhar a ação, por vezes, dependendo da condução probatória do substituto. Como regra, ao substituto processual, é defesa a prática de certos atos em que a lei atribui validade somente quando praticados pelo titular do direito material (substituído) ou pelo responsável pela obrigação, *v. g.*, o juramento, a confissão, a renúncia total ou parcial, a desistência da ação, o reconhecimento de algum direito, ou qualquer ato de disposição de direito. Não se descarta a possibilidade de o substituto processual em *consilum fraudis* com a outra parte "descuidar-se" do ônus probatório, com o fim adrede de perder a ação. Haveria, neste caso, um ato de disposição, sem dúvida. Todavia, seria uma disposição dolosa referendada pela fraude com burla ao direito do substituído. Em ocorrendo a hipótese, o substituto poderá responder civil e criminalmente. Como veremos em outro item, existem casos em que o substituído pode e deve tomar a posição na relação processual ordinária, hipótese em que o substituto sai do polo em que está colocado, por não haver a possibilidade de concomitância.

81.5. Da distinção entre representação e substituição

Existe, entre a representação e a substituição, uma diferença de conteúdo. Enquanto a representação se ativa sem que o titular da relação material deixe de ocupar o polo passivo, permanecendo, por conseguinte, na relação processual ordinária, na substituição processual, o substituto afasta o substituído da relação processual e se instaura a legitimação extraordinária. A representação poderá ser feita por advogado ou por procurador com poderes *ad negotia*. O advogado representará o seu cliente produzindo atos jurídicos no processo em nome do mesmo e que o beneficie. O representante *ad negotia* terá poderes de administração sobre uma empresa, podendo, para tanto, contratar advogados para funcionar em ações contra a empresa. Poderá, também, ocorrer a representação quando o titular da *legitimatio ad causam* não possuir capacidade processual (absoluta ou relativa). Algumas pessoas jurídicas de direito privado e de direito público, conhecidas como partes formais, estão sujeitas à representação: espólio (inventariante), massa falida (administrador judicial), herança jacente ou vacante (curador), sociedades sem personalidade jurídica (pela pessoa a quem couber a administração) e, condomínio (pelo administrador ou pelo síndico). No âmbito público, os órgãos da Administração direta (Ministérios), o Poder Legislativo e o Poder Judiciário, deve ser acionada a União. Referidos órgãos e Poderes não possuem personalidade jurídica, apenas a União possui. O mesmo acontece no âmbito dos Estados e dos Municípios.

A representação poderá ser voluntária ou obrigatória. A voluntária enquadra-se nas regras do mandato, por exemplo: como não tenho disponibilidade de tempo para estar em determinada localidade para resolver um negócio, posso mandar representante com poderes plenos para resolver a questão; a representação é obrigatória quando a pessoa não puder estar em juízo (legitimidade *ad processum*), *v. g.*, são absolutamente incapazes: o menor de dezesseis anos, o interdito por demência, o acometido por doença mental, os que, mesmo por causa transitória, não puderem exprimir sua vontade (art. 3º, III, CC); são relativamente incapazes: o maior de dezesseis e o menor de dezoito anos, os ébrios habituais, os viciados em tóxicos, os que, por deficiência mental, tenham o discernimento reduzido, os excepcionais, sem desenvolvimento mental completo, os pródigos, e a capacidade do índio será regulada por legislação especial (art. 4°, CC). Tem-se a representação feita por advogado, ressalvadas as exceções legais, nas causas cíveis, em que a parte não pode demandar sem advogado (*jus postulandi*, art. 36, CPC). A procuração conterá poderes *ad iudicia*, obrigatoriamente, e poderes *ad extra*, quando for o caso. No processo do trabalho, a parte pode demandar sem a presença de advogado (art. 791, CLT — ADIn 1.127-8-DF).

Diferente da representação, o substituto processual passa, desde logo, a ocupar a relação processual, não como representante, mas como parte (legitimação extraordinária), produzindo todos os atos jurídicos necessários ao movimento procedimental. Enquanto o representante age em nome do representado, sem que desapareça a legitimidade ordinária do representado, na substituição, o substituto age em nome do substituído, e a legitimidade ordinária é substituída pela legitimação extraordinária. Na representação, o representante age em nome do titular do direito substancial, enquanto o substituto defende, em seu próprio nome, direitos de terceiros. Em suma: na representação, o representado é parte da relação processual; na substituição, parte da relação processual é o substituto. A figura da substituição pode ser encontrada no Direito Processual Penal: o ofendido, ao propor em nome próprio ação penal privada, atua em nome próprio, defendendo o direito de punir do Estado.

81.6. Das despesas a cargo do substituto

Com parte no processo, o substituto processual incorrerá nas consequências da coisa julgada e, por conclusão lógica, das despesas processuais. Vale dizer, o substituto responderá pelas custas perante o Estado e pelos honorários advocatícios, etc. Lembra Chiovenda que: "A relação existente entre substituto e titular explica, ademais, como pode o substituto ter razão de repetir do titular as despesas da ação vitoriosa ou mesmo perdida, embora, como parte, responda por elas pessoalmente, em relação ao adversário" (*Instituições...* v. II, p. 300). As lições de Chiovenda são perfeitamente aplicáveis, podendo o substituto processual ressarcir-se de despesas que tenham sido consequências da substituição processual, e constantes da decisão transitada em julgado. Todavia, não haverá ressarcimento de condenação pecuniária resultante de litigância de má-fé, de perícias consideradas protelatórias ou de ter dado causa a atos inúteis ou desnecessários. Em tais casos, o substituto deverá arcar com as despesas a que deu causas.

81.7. Da legitimação: exclusiva ou concorrente

Na legitimação exclusiva, somente o substituto poderá ajuizar ação. Isso significa que o substituto comporá a relação processual na qualidade de legitimação extraordinária. Nesse caso de substituição ao titular do direito material, é defeso vir a juízo defender os seus direitos. São exemplos as ações coletivas que dizem respeito ao meio ambiente, às relações de consumo, no caso de direitos trabalhistas (individuais homogêneos), na ação popular; são também exemplos, casos em que o Ministério Público funciona como defensor de ausente. Dinamarco lembra também que é na legitimação extraordinária que ocorrem as hipóteses mais numerosas de concurso de legitimados. Casos importantíssimos são as ações coletivas ao meio ambiente, relações de consumo e outras para as quais são legitimados ativos o Ministério Público, as associações e uma série de organismos estatais ou não (LACP, art. 5º; CDC, art. 82, incisos I-IV): qualquer um deles é habilitado a promover a instauração do processo e conduzi-lo por si só, independentemente dos demais. Há, também, legitimidade concorrente para a instauração de inventário (cônjuge, herdeiro, legatário, Ministério Público, Fazenda Pública etc: CPC, art. 988, incisos I-IX), para figurar como autor na ação anulatória de casamento (cônjuge, Ministério Público ou qualquer interessado: CC. art. 1.549); visando anulação de assembleia ou de decisão assemblear das sociedades anônimas (sócios, grupos de sócios) etc. (*Instituições...* v. II, p. 311-312).Tem-se, por outro lado, a substituição concorrente em que tanto o substituto, como o titular do direito substancial, ou o responsável pela obrigação, poderá ocupar o polo passivo da demanda. Todavia, não poderá haver concomitância no polo passivo de substituto e de substituído. Do que resulta que se o substituto compuser a relação processual, teremos o caso da legitimação extraordinária; se for o titular do direito material, teremos o caso de legitimação ordinária. O titular do direito poderá, a qualquer momento, assumir o polo que lhe diz respeito (ativo ou passivo) onde estiver o substituto. A substituição, antes extraordinária, passa a ser ordinária. A consequência é a saída do substituto. Todavia, se a ação foi ajuizada pelo titular do direito material, o substituto não poderá assumir a ação. A prioridade no ajuizamento da ação é do titular do direito.

81.8. Da legitimidade concorrente na legitimação ordinária

A legitimação ordinária concorrente se dá nas obrigações solidárias. Nesse caso, poderá figurar no polo ativo ou passivo, na condição de demandante ou de demandado, qualquer um dos devedores solidários (art. 267 e 275, CC). Também são exemplos os casos de demandas destinadas a reaver a posse do bem em condomínio, sendo, para tanto, legitimado qualquer dos condôminos (art. 1.314, CC). Nas hipóteses mencionadas, o devedor solidário ou o condômino, por fazerem parte da relação substancial como credor ou devedor, poderão vir a compor a lide na condição de assistente litisconsorcial.

81.9. Da legitimação extraordinária em sede trabalhista

A substituição processual no processo do trabalho é dotada de peculiaridade que a diferencia do processo comum. A substituição é atípica e somente admite a legitimação extraordinária concorrente, alijada que está a substituição exclusiva. Essa atipicidade conceitual própria e necessária significa que poderão compor o polo ativo ou passivo do dissídio individual, da ação de cumprimento etc., tanto o titular do direito substancial, como o sindicato representante da categoria econômica ou profissional. Todavia, como vimos antes, no caso da legitimação extraordinária concorrente, não se admite a concomitância do titular do direito e do sindicato. Entretanto, justamente por ser a legitimação extraordinária concorrente, o titular do direito substancial poderá vir ocupar o seu lugar na ação se quiser e quando quiser. O inciso III, do art. 8º, CF, ao conceder ao sindicato a defesa dos direitos e interesses coletivos e individuais da categoria, aí incluídas as questões jurídicas e administrativas, não significa que essa representação seria exclusiva, fato que, se verdadeiro, transformaria em relativamente incapazes empregados e empregadores, conclusão, evidentemente, absurda. Na prática, a vinda do titular do direito material ao processo significa a saída do sindicato, posto que defesa é a concomitância. E não se diga, como o fez a antiga súmula n. 310, inciso VI, revogada pela Res. 119/2003, DJ. 1º.10.2003, que seria lícito ao substituído integrar a lide na qualidade de "assistente litisconsorcial, para acordar, transigir e renunciar, independentemente da autorização ou anuência do substituto". À evidência, não se cuidava, na hipótese mencionada, de "assistência litisconsorcial". Esta se dá, quando substituto e substituído são titulares do direito substancial, pelo que a legitimação, nesse caso, é ordinária (ex. do condomínio ou dos devedores solidários). A legitimação extraordinária exige que o substituto não se insira no direito material, daí a sua capacidade apenas *ad processum*. No caso do inciso VI, a vinda do substituído "derrubava" o substituto, posto que defesa a concomitância. E a possibilidade de acordar, de transigir, de renunciar, de desistir, de ceder etc., seria na qualidade de autor ou de réu, não de assistente litisconsorcial.

Lembra o Ministro do TST — Luiz Guimarães Falcão (artigo de doutrina: Os conflitos coletivos do trabalho. Ação de cumprimento do art. 872, parágrafo único, da CLT. O sindicato na ação de cumprimento. A substituição e a Representação Processual. *Revista do Advogado*, n. 23, p. 31-39, mar. 1987): "O traço característico da substituição é a comunhão de interesses pelo desfecho favorável da causa que deve existir entre substituído e substituto. Na Justiça do Trabalho ocorre, na maioria dos casos, a substituição processual atípica porque o legislador outorgou poderes ao Sindicato para atuar como substituto processual sem que se constate interesse direto da entidade. A substituição processual é o direito de postulação como parte na defesa de interesse alheio. A autorização da lei para o substituto agir independe da concordância do substituído. Isso não significa que o substituído não possa ele próprio defender diretamente o seu direito, ingressando na relação jurídica processual. Em tal circunstância, o substituto é afastado do processo porque, não sendo titular do direito substancial em litígio, não tem direito próprio a defender, perde a legitimidade para a ação na forma do art. 3°, do CPC. O interesse é do substituído, que, vindo a juízo, assume a direção do processo" (apud OLIVEIRA, Francisco Antonio de. *O processo na justiça do trabalho*. 5. ed. São Paulo: LTr, 2008. p. 259-261). Em suma: "o substituto é dono da ação e não do direito substancial que está em jogo, motivo pelo qual há de ser feita a distinção entre o interesse do substituído e o do substituto, que coexistem na ação. O interesse do substituído está em causa na relação substancial e é um pressuposto de fundo, que o juiz apreciará na sentença como matéria integrante do mérito do julgado; o interesse do substituto é um pressuposto da legitimação ativa ou passiva, sendo um requisito, pois, da admissibilidade da ação. Assim, conclui Bonumá: 'tudo se resume em dizer que o substituto tem um interesse jurídico de provocar a tutela judiciária do interesse do substituído'" (OLIVEIRA JR., Waldemar Mariz de, *ob. cit.*, p.119).

Do que restou exposto, correta a ilação de que a substituição processual em sede trabalhista é atípica e tão somente concorrente. Daí resulta que o sindicato ou o titular do direito material poderá figurar no polo ativo ou passivo da ação. Todavia, o titular do direito poderá, a qualquer momento, assumir a titularidade da ação, ocupando o polo respectivo. Em ocorrendo a hipótese, o sindicato deixa de figurar na ação e perde a qualidade de substituto. A relação processual, antes extraordinária, passa a ser ordinária. E mais: bastará que a parte adversa requeira o depoimento do substituído ou dos substituídos para que a vinda ao processo se faça necessária, sob pena de cerceamento de defesa, já que no interrogatório das partes poderá advir a confissão real, prova considerada nobre.

81.10. Da reconvenção

Em caso de reconvenção, a presença do titular da relação material será inarredável e a presença do substituto processual (sindicato), impossível, uma vez que o substituto não poderá dispor de nenhum direito do substituído. Na posição de reconvindo, o titular da relação substancial deverá assumir também a ação, uma vez que, se a reconvenção for julgada procedente, afetará a ação. Aceita a reconvenção pelo juiz, o substituto deverá ser citado para defender-se. A legitimação extraordinária inicial não pode constituir em óbice à defesa do réu, que tem o direito de apresentar a reconvenção. Por questão de lealdade intelectual, informamos que existe entendimento no sentido de que o substituto permaneça no processo e o substituto assuma apenas a posição de reconvinte. Entendemos que a atipicidade da substituição em sede trabalhista, por ser concorrente, não admite a concomitância, mesmo porque o substituído, para responder a interrogatório e confessar, deverá titularizar a ação principal.

81.11. Da posição do Supremo Tribunal Federal

Em decisão recente, o Supremo Tribunal Federal, por sua douta maioria, decidiu que, nos termos do art. 8º, III, da Constituição, a substituição do sindicato é ampla não só em termos de direito coletivo, mas também de direito individual: "Concluído julgamento de uma série de recursos extraordinários nos quais se discutia sobre o âmbito de incidência do inciso III do art. 8º da CF/88 ("ao sindicato cabe a defesa dos direitos e interesses coletivos ou individuais da categoria, inclusive em questões judiciais e administrativas;") — v. Informativos 84, 88, 330 e 409. O Tribunal, por maioria, na linha da orientação fixada no MI 347/SC (DJU de 8.4.94), no RE 202063/PR (DJU de 10.10.97) e no AI 153148 AgR/PR (DJU de 17.11.95), conheceu dos recursos e lhes deu provimento para reconhecer que o referido dispositivo assegura ampla legitimidade ativa *ad causam* dos sindicatos como substitutos processuais das categorias que representam na defesa de direitos e interesses coletivos ou individuais de seus integrantes. Vencidos, em parte, os Ministros Nelson Jobim, Cezar Peluso, Eros Grau, Gilmar Mendes e Ellen Gracie, que conheciam dos recursos e lhes davam parcial provimento, para restringir a legitimação do sindicato como substituto processual às hipóteses em que atuasse na defesa de direitos e interesses coletivos e individuais homogêneos de origem comum da categoria, mas apenas nos processos de conhecimento, asseverando que, para a liquidação e a execução da sentença prolatada nesses processos, a legitimação só seria possível mediante representação processual, com expressa autorização do trabalhador". RE 193503/SP, RE 193579/SP, RE 208983/SC, RE 210029/RS, RE 211874/RS, RE 213111/SP, RE 214668/ES, rel. orig. Min. Carlos Velloso, rel. p/ o acórdão Min. Joaquim Barbosa, 12.6.06. (RE-193503) (RE-193579) (RE-208983) (RE-210029) (RE-211874) (RE-213111) (RE-214668).

A interpretação ora dada pela Excelsa Corte ao inciso III, do art. 8º, da CF, por maioria apertada, vencidos cinco ministros, vem dar poderes plenos aos sindicatos. A ementa indica que o sindicato terá "legitimidade *ad causam* ativa." (g. n.). Registre-se lapso material da ementa em dois pontos: a) quando fala em legitimidade *ad causam*, uma vez que a legitimidade do sindicato, na qualidade de substituto, é *ad processum*, pois a legitimidade *ad causam* ativa é do titular do direito material e a passiva é do responsável pela obrigação; b) a legitimidade como substituto não é só ativa, pois a categoria pode ser profissional e econômica, logo a substituição poderá ser ativa ou passiva.

A interpretação ora dada pela Excelsa Corte vem ao encontro daquilo que todos os sindicatos queriam: poderes. Poderes para pressionar os partícipes da categoria a sindicalizarem-se. Pressão que há muito vem sendo feita, quando o sindicato, em vez de ajuizar ações plúrimas, ajuíza ações como substituto processual, correndo o risco de ter como consequência arquivamentos, sem se importar de fato com os substituídos. Todavia, essa pressão explícita causa maus tratos ao inciso V (ninguém será obrigado a filiar-se ou a manter-se filiado a sindicato), art. 8º, CF. A representatividade exercida e os benefícios oferecidos por uma grande parte de sindicatos aos seus associados ou à categoria é pouco ou quase nada, ressalvadas honrosas exceções, embora isso não constitua fundamento jurídico para a interpretação do inciso III, art. 8º. Vale dizer, existe um número expressivo de sindicatos não confiáveis, os quais foram constituídos para receber parte do "imposto sindical" e para conseguir vagas de juízes classistas na Justiça do Trabalho; esta última hipótese neutralizada pela EC n. 24/99, embora também isso não constitua fundamento jurídico para a interpretação do inciso III, ao art. 8º.

Entretanto, dos males, o menor. A possibilidade de o sindicato agir na qualidade de substituto processual, com legitimação extraordinária em sede trabalhista, como vimos acima, é somente concorrente, isto é, não poderá haver concomitância de ambos na ação: ou a legitimação é extraordinária, com o sindicato no polo ativo ou passivo, ou é ordinária com o titular do direito material. Por outro lado, em não tendo o sindicato a legitimidade *ad causam*, mas a legitimação *ad processum*, por não fazer parte do direito substancial, não poderá permanecer se o titular do direito assumir o processo.

Essa mesma regra vale para o mandado de segurança. Se algum substituído vier a integrar o polo ativo, só poderá fazê-lo na qualidade de impetrante. Nesse caso, o sindicato perde as condições de substituto e passa a ser apenas representante. Nada impede que o substituído venha ao processo com o seu próprio advogado, hipótese em que o sindicato não permanece nem como representante.

81.12. Do resumo

a) Não poderá haver concomitância no processo de substituto e de substituído;

b) Se o sindicato for substituto e o substituído assumir o processo, o sindicato (substituto) perde a condição. A legitimação que era extraordinária passa a ser ordinária;

c) Se o titular do direito ajuizar a ação, o sindicato não poderá assumir na qualidade de substituto, pois a preferência é do titular do direito;

d) Ainda que o titular do direito não venha espontaneamente assumir o processo, se houver requerimento da parte contrária para que o substituído seja interrogado, este somente poderá ser ouvido e confessar (confissão real), sendo parte no processo, hipótese em que o sindicato (substituto) não poderá permanecer, cedendo lugar ao titular do direito que prosseguirá até final;

e) em caso de reconvenção, a presença do titular do direito ao processo será necessária e a permanência do substituto processual, impossível. O substituto não pode transigir.

Parágrafo único

Parágrafo único. Os direitos protegidos por mandado de segurança coletivo podem ser:

Inciso I

I — coletivos, assim entendidos, para efeito desta Lei, os transindividuais, de natureza indivisível, de que seja titular grupo ou categoria de pessoas ligadas entre si ou com a parte contrária por uma relação jurídica básica.

Comentários
---

82. Dos interesses difusos, coletivos e individuais homogêneos

Nota-se que a Lei n. 7.347/85, que concebeu a ação civil pública, ao regulamentar o art. 3º, III, da LC n. 40/81 (LONMP), não definiu o que seriam interesses difusos, interesses coletivos e interesses individuais homogêneos, tarefa que coube à Lei n. 8.078/90 (Código de Defesa do Consumidor), cujo art. 81, parágrafo único, comanda:

I — interesses ou direitos difusos, assim entendidos, para efeitos deste Código, os transindividuais, de natureza indivisível, de que sejam titulares pessoas indeterminadas e ligadas por circunstâncias de fato;

II — interesses ou direitos coletivos, assim entendidos, para efeitos deste Código, os transindividuais de natureza indivisível de que seja titular grupo, categoria ou classe de pessoas ligadas entre si ou com a parte contrária por uma relação jurídica base;

III — Interesses ou direitos individuais homogêneos, assim entendidos os decorrentes de origem comum.

Numa análise superficial, verifica-se que o inciso I, sob comento, está fixado no inciso II, retro, e o inciso II, que será comentado em seguida, está fixado no inciso III, retro.

82.1. Das características dos interesses difusos e coletivos

Ambos são transinviduais. Os interesses difusos são indeterminados e a sua natureza, indivisível. Permanecem em estado fluido e estão dispersos pela sociedade como um todo. Já os interesses coletivos são determinados ou pelo menos determináveis e estão interligados por uma relação jurídica de interesse do grupo, mas presente a indivisibilidade. A litigiosidade está presente em ambos. A coletividade que aí se manifesta não é em função de relação jurídica (paralela ou convergente), mas em função de elementos contingenciais que poderão surgir a qualquer momento, *v. g.*, da necessidade de proteção do meio ambiente, da fauna, da flora, de monumentos históricos, da poluição de um rio que abasteça determinada cidade etc. (OLIVEIRA, Francisco Antonio de. *Ação civil pública*. 2. ed. São Paulo: RT, 2004. p. 25-26).

82.2. Da área de conflito nos interesses difusos e nos interesses coletivos

A conflituosidade existente em ambos os interesses se distingue pela intensidade menor no interesse coletivo e maior no interesse difuso.

Para Rodolfo de Camargo Mancuso, força é admitir que a intensa conflituosidade é uma característica dos interesses difusos. Cabe remarcar que, se os interesses coletivos também apresentam certa conflituosidade, esta é bem menos intensa e de outra natureza porque: a) os interesses coletivos são organizados e aglutinados junto aos grupos sociais definidos; b) nos interesses coletivos, a representação é de tipo convencional ou institucional, de sorte que a área conflituosa torna-se mais circunscrita: somente um grupo determinado (família, sindicado, comuna) é portador legitimado desses interesses. Ao passo que, nos interesses difusos, a indeterminação dos sujeitos e a mobilidade e fluidez do objeto ampliam ao infinito a área conflituosa (*Interesses difusos*. São Paulo: RT, 1988. p. 73)

Inciso II

II — individuais homogêneos, assim entendidos, para efeito desta Lei, os decorrentes de origem comum e da atividade ou situação específica da totalidade ou de parte dos associados ou membros do impetrante.

---------- Comentários ----------

82.3. Dos direitos individuais homogêneos

Os direitos individuais homogêneos têm identificado o seu titular, bem como têm divisível o seu objeto. A individualidade homogênea está na sua origem comum.

Para Nelson Nery Junior (*CPC. ob. cit.*, p.1.704), "o que qualifica o direito como difuso, coletivo ou individual homogêneo é o conjunto formado pela causa de pedir e pelo pedido deduzido em juízo" (OLIVEIRA, Francisco Antonio de. *Ação civil pública*. 2. ed. São Paulo: RT, 2004. p. 31). Ver comentários ao item 82.1 e 82.2.

Art. 22

Art. 22. No mandado de segurança coletivo, a sentença fará coisa julgada limitadamente aos membros do grupo ou categoria substituídos pelo impetrante.

---------- Comentários ----------

83. Dos efeitos da coisa julgada, segundo a doutrina

Celso Agrícola Barbi (Artigo: Mandado de segurança na Constituição de 1988, In: TEIXEIRA, Sálvio de Figueiredo. *Mandado de segurança e de Injunção*. São Paulo: Saraiva, 1990. p. 73 e ss.) lembra que: "A amplitude da legitimação na ação coletiva tem o perigo de permitir que alguém a proponha e conduza mal o processo deliberadamente, de modo a ser vencido e, com isso, criar-se coisa julgada para os outros titulares do direito ou interesse. Esse perigo tem preocupado a doutrina em vários países." Rosenberg assevera que mesmo na jurisprudência alemã, responsável pela criação dessa estranha figura de substituto, existem, hoje, sérias restrições à sua ilimitada admissão (cf. OLIVEIRA JR., Waldemar Mariz de. *Substituição processual*. São Paulo: RT, 1971. p. 137). Adverte Barbi que a nossa legislação "contém fórmula feliz para evitar essa modalidade de fraude: o inciso LXX já referido limita a legitimação das entidades de classe e associações às que funcionem há mais de um ano, o que exclui a possibilidade de criar-se uma delas somente para frustrar a proteção legal; e os arts. 15 e 16 da Lei n. 1.533/51 dispõe que não se forma coisa julgada se não houver decidido o mérito, a qual só pode acontecer se os fatos estiverem satisfatoriamente provados; assim, qualquer deficiência da atividade probatória impede a decisão de mérito e a formação da coisa julgada" (fonte citada p. 73).

Máxima vênia, discordamos do eminente e saudoso jurista. A exigência feita às associações de classe e organização sindical, não ao partido político, infelizmente, pois este também não é confiável, de estar em funcionamento há pelo menos um ano, desde que devidamente constituída, realmente não elimina as más substituições processuais e, até mesmo, o uso de má fé. Mas esta, quando e se existente, se resolve pelas vias normais. Sem coisa julgada não há força executória.

O simples temor de que a substituição possa trazer prejuízos não se traduz em motivo bastante capaz de desvirtuar o processo e, em especial, a coisa julgada. O exame de mérito, que deságua na concessão ou na negação da segurança, transita em julgado. Essa regra é excepcionada para aqueles casos em que a segurança não foi concedida por ausência ou por insuficiência de prova. Por óbvio, também não forma a coisa julgada material, no caso de extinção do processo sem a resolução do mérito, pois, aí, teremos apenas a coisa julgada formal ou preclusão *proiudicato*. Essa é a regra vigente para o *writ* singular e que deve ser aplicado ao mandado coletivo. Essa singularidade própria do mandado de segurança também tem aplicação na ação popular (Lei n. 4.717/65), na ação civil pública (Lei n. 7.347/63) e foi adotada pelo Código de Defesa do Consumidor (Lei n. 8.078/90). Essa mesma regra foi adotada pelo Mandado de Injunção Coletivo, em se cuidando de direitos difusos.

Nesse sentido, o entendimento firmado pela Excelsa Corte: "...a sentença, quando der pela improcedência da segurança coletiva, não fará coisa julgada oponível *erga omnes*, quando a improcedência da ação resultar da deficiência de prova. Nesse caso, a segurança poderá ser renovada, inclusive com caráter individual, tratando-se de direito subjetivo (Lei n. 1.533/51, art. 16). Se a sentença, entretanto, indeferir segurança coletiva, por entender infundada ação, assim como exame de mérito da causa, terá eficácia de coisa julgada oponível *erga omne*" (*ob. cit.*, p. 98).

Em sentido oposto, Celso Ribeiro Bastos entende que, em sede de julgamento de mandado de segurança coletivo, não se consuma a coisa julgada material. Diz o Eminente e saudoso jurista: "...não importa qual o resultado, no autêntico mandado de segurança coletivo. Ainda que denegatória a medida, cabe sempre o mandado de segurança individual. E dizer, a sentença proferida em mandado de segurança coletivo não tem força de coisa julgada para impedir a utilização individual do instituto". Pondera que: "Admitir-se o contrário seria não somente tolher o importantíssimo direito de acesso ao Judiciário, como também abrir as portas para modalidades novas de fraude, em que entidades de fraquíssimas representatividade se lançariam a ingressar em juízo, sem, contudo, fazer uso de todas as medidas cabíveis de defesa da postulação. Não importa se por má-fé ou por incompetência."

Como vimos acima, o *writ* é dotado de peculiaridade protetiva que é a não formação e coisa julgada, quando a negativa se der por falta ou insuficiência de prova.

Segundo Celso Ribeiro Bastos, "não importa qual o resultado; no autêntico mandado de segurança coletivo", não haveria coisa julgada. As lições são tentadoras:

não haveria a coisa julgada por falta ou por insuficiência de prova e quando a segurança fosse denegada. Todavia, na concessão, não haveria razão para que não houvesse o trânsito em julgado, já que a decisão estaria despida de executoriedade.

O temor demonstrado por número considerável de juristas tem fundamento. As associações, as organizações sindicais e os partidos políticos, como regra, não são confiáveis. A ética vigente entre tais organizações é dotada de perfil singular, qual seja a de levar vantagem em tudo, numa eterna homenagem à "Lei de Gerson". O prazo de um ano é por demais exíguo. O Brasil é o país em que os sindicatos se formam para usufruir de benesses. Antes da EC n. 24/99 era para conseguir vagas de "juízes classistas" e aposentadoria integral com apenas cinco anos de permanência. Essa benesse durou 50 (cinquenta) anos e deixou reflexos que o povo continua pagando. As centrais sindicais fizeram conchavo com o governo para a permanência do "imposto sindical". Cada qual leva a sua parte e quem paga são os trabalhadores. Tem-se que, desde as centrais até os sindicatos, não são confiáveis. A corrupção graça solta na política partidária, na qual inúmeros partidos são formados, simplesmente, para servirem de escora para outros partidos maiores, os quais são negociados horários na televisão. Doutrinadores e juízes não podem ser ingênuos a ponto de exceder na confiabilidade. O melhor caminho a ser adotado é o de transitar em julgado somente as decisões que concederem a segurança. As decisões negativas, ainda que julgado o mérito sem o óbice da ausência ou da insuficiência de prova, não devem transitar em julgado. Dessa forma, os direitos discutidos estarão resguardados. Essa regra deve ser estendida para a ação popular, para o mandado de injunção, para a ação civil pública e para o Código de Defesa do Consumidor.

83.1. Da limitação da coisa julgada material

De acordo com o artigo sob comento, a coisa julgada estará limitada aos membros do grupo ou da categoria substituídos.

A proteção coletiva, neste caso, se dirige ao grupo ou categoria, e envolve o direito coletivo em sentido restrito e a coisa julgada somente terá consequências sobre os respectivos membros substituídos. O substituto, por ter legitimação extraordinário sobre os substituídos, impõe as consequências *ultra partes*.

Como vimos anteriormente, o sindicato funciona na qualidade de substituto processual, uma vez que não está contido no direito que se discute; a sua legitimidade não é *ad causam* ativa, apenas processual.

O Projeto de Lei n. 5.139/09 em tramitação na Câmara dos Deputados pretende afastar a coisa julgada *secundum eventus probationis*. Dispõe o art. 38 que:"Na hipótese de sentença de improcedência, havendo suficiência de provas *produzidas, qualquer legitimado poderá intentar ação revisional, com idêntico fundamento, no prazo de um ano contado do conhecimento geral da descoberta de prova técnica nova, superveniente, que não poderia ser produzida no processo, desde que idônea para mudar o resultado".*

Vale dizer, não haverá coisa julgada quando o julgamento de improcedência se basear em ausência de prova, na insuficiência de prova, ou mesmo quando houver prova suficiente para julgar o mérito, *id est*, a coisa julgada, somente se formará no caso de procedência do pedido do *writ*. Com isso, elimina-se a discussão pela via da ação rescisória, na qual não teria cabimento ou sucesso em caso de má apreciação da prova ou injustiça do julgado. A permanência da coisa julgada nas negativas de segurança constitui óbice a correção de certas ilegalidades. A má análise da prova poderá ser produto de má-fé ou de dolo. O Projeto cria a "ação revisional", que poderá ser ajuizada no prazo de um ano da descoberta de prova técnica nova, superveniente, surgida posteriormente, desde que idônea para mudar o resultado da improcedência proferida anteriormente. Superior à exigência para a rescisória, o documento será aquele produzido posteriormente à postulação.

Confirmamos, aqui, o nosso entendimento de que somente o julgamento concessivo de segurança deverá transitar em julgado. A improcedência, seja por falta ou insuficiência de prova, seja por julgamento meritório não concessivo da segurança, não faz coisa julgada material (Súmula n. 304, STF).

§ 1º

§ 1º O mandado de segurança coletivo não induz litispendência para as ações individuais, mas os efeitos da coisa julgada não beneficiarão o impetrante a título individual se não requerer a desistência de seu mandado de segurança no prazo de 30 (trinta) dias a contar da ciência comprovada da impetração da segurança coletiva.

Comentários
---

84. Do conceito de litispendência

O artigo está mal formulado do ponto de vista conceitual. A litispendência se dá em função da titularidade do direito substancial e não em função da espécie de ação. No caso, o substituído no mandado de segurança coletivo e o impetrante no mandado de segurança individual são a mesma pessoa. Logo, haverá, sim, litispendência, sob pena de possibilitar-se a dúplice execução do mesmo direito. O legislador atropela a regra conceitual e, para evitar a duplicidade de execução, cria o prazo de trinta dias para que o impetrante do *writ* individual dele desista, pena de ser não ser beneficiado pelo *mandamus* coletivo.

Em vez de seguir a regra processual, o legislador faz malabarismo normativo. O correto seria considerar-se a existência da litispendência, com o arquivamento da segunda impetração. Por oportuno, tenha-se em mente que a substituição no processo comum poderá ser exclusiva ou concorrente; no processo do trabalho, será sempre concorrente. Em ambos os processos não poderá haver concomitância, vale dizer, substituto e substituído não podem ocupar ao mesmo tempo o mesmo polo. Se titular do direito ocupar o polo ativo, o sindicato perde a legitimidade extraordinária. Pelo que, havendo dois *writs*, coletivo e individual, disputando o mesmo direito, deve ser decretada a litispendência e o segundo ajuizado deverá ser arquivado. Todavia, o legislador da nova lei de segurança está em consonância com o art. 104 da Lei n. 8.078/90 (CDC), que comete o mesmo erro.

§ 2º

§ 2º No mandado de segurança coletivo, a liminar só poderá ser concedida após a audiência do representante judicial da pessoa jurídica de direito público, que deverá se pronunciar no prazo de 72 (setenta e duas) horas.

―――――――― **Comentários** ――――――――

85. Da restrição à concessão da liminar

Este parágrafo, certamente, não terá efeito sobre os casos concretos. Não existe razão de ordem lógica para que uma liminar não seja concedida sem que a audiência do advogado da autoridade dita coatora, a qual terá o prazo de 72 (setenta e duas) horas para analisar os fatos. Nenhum juiz poderá ficar na dependência da autoridade indicada como coatora ou poderá ser proibido de conceder liminar, como vimos na análise do § 2º, do art. 7º; se for caso de urgência, com possibilidade de perda de direito, com prejuízo imediato ou em potencial de difícil reparação, o juiz deverá conceder a liminar. E deverá fazê-lo até mesmo de ofício em se apresentando as hipóteses de urgência mencionadas. O legislador demonstra desconhecer princípios elementares de direito e a preocupação com o poder público não firma pé na razoabilidade. Como dissemos, nenhuma proibição poderá afrontar a realidade. Isto, como adverte Nelson Nery, porque "o sistema jurídico tem de encontrar mecanismos idôneos para que haja efetividade do direito ou do seu exercício..." (*ob. cit.*, p. 1.431). Remetemos aos comentários do § 2º, do art. 7º.

Art. 23

Art. 23. O direito de requerer mandado de segurança extinguir-se-á decorridos 120 (centro e vinte) dias, contados da ciência, pelo interessado, do ato impugnado.

Comentários

86. Do prazo para a impetração da segurança

O artigo repete o art. 18 da Lei n. 1.533/51. A segurança poderá ser impetrada no prazo de 120 (cento e vinte) dias que se seguem à edição do ato que se pretende combater. Esse prazo tem a conceituação jurídica decadencial. O prazo assim conceituado tem início e término, sem suspensão ou interrupção, salvo exceção legal prevista no art. 198-I, CC (a decadência não corre contra as pessoas absolutamente incapazes indicadas no art. 3º, CC).

Tendo em conta que o prazo é decadencial, registra-se uma incoerência da lei que oportuniza a discussão pela via ordinária, caso não seja utilizada a segurança ou esta não seja conhecida por ausência ou deficiência de prova. É que no transcurso do prazo decadencial é o próprio direito que se perde, enquanto que na prescrição permanece o direito, mas não persiste o direito de ação. Essa incoerência desprestigia a conceituação do prazo como decadencial. Melhor seria que se dissesse que, decorrido o prazo, estaria a parte impedida de utilizar a via mandamental. Outra incoerência está em considerar-se a declaração decadencial como extinção com resolução do mérito (art. 269, IV, CPC), quando nada foi apreciado ou julgado, já que a decadência ocorre sempre fora do processo. Na realidade, não existe nenhum julgamento meritório, pois, se existisse, não haveria a possibilidade de nova discussão pela via ordinária (art. 471, CPC). Alerta-se, entretanto, que a possibilidade de discussão pela via ordinária somente será possível caso não transcorrida a prescrição da lei civil.

Sobre o assunto, já alertava Alfredo Buzaid que "o prazo para impetrar mandado de segurança não é prazo preclusivo porque não se verifica no curso do processo, tampouco é de prescrição ou de decadência, porque não fere mortalmente o direito material, que remanesce imprejudicado, podendo ser pleiteado por via ordinária. O prazo é extintivo de uma faculdade pelo seu não exercício dentro de 120 (cento e vinte) dias, contados da ciência do ato a ser impugnado. Não se justifica, pois, recorrer aos conceitos de prescrição, de decadência e de preclusão, para explicar a natureza do prazo, quando a própria lei subministra a ideia correta, que é a de extinção do direito de requerer mandado de segurança (*Do mandado de segurança*. São Paulo: Saraiva, 1989. p. 159-160).

Interessante notar que tanto o art. 18 da Lei n. 1.533/51, revogada, como o art. 23 atual, que repetiu a lei antiga, dizem expressamente na impossibilidade do manejo da segurança, decorrido o prazo. Do que resulta que a parte estará impedida do uso da via mandamental. A conceituação do prazo como decadencial, cujo conteúdo é a perda do direito material, é inconciliável com a utilização da via ordinária. Todavia, esse direcionamento foi referendo pela doutrina e jurisprudência, na quase totalidade, em que pese a incoerência conceitual. Ademais, a classificação em decadência é referendada pelo próprio STF.

Sobre a discussão de inconstitucionalidade da lei (anterior, repetida pela atual) que fixava prazo para a impetrar segurança (defendia-se a ideia de que não haveria de ter prazo) foi superada pela Excelsa Corte, pela Súmula n. 632: "É constitucional a lei que fixa o prazo de decadência para a impetração de mandado de segurança." A excelsa Corte terminou de vez com a discussão doutrinária sobre o prazo.

86.1. Da renúncia

Segundo dispõe o art. 209, CC, é nula a renúncia da decadência fixada em lei. A base da proibição está no fato de ser a decadência instituto de natureza jurídica de direito público, a exemplo do que é, hoje, a prescrição (§ 5º, do art. 219, CPC). Em assim sendo, não pode o particular dela dispor como se fosse direito seu. Em se tratando da perda de direito material, tem finalidade que se situa em sede de equilíbrio social.

Para Fabrício Zamprogna Matiello, "sendo de interesse público o respeito aos prazos decadenciais, tendo em vista que ocasionam o perecimento dos direitos subjetivos geradores de pretensões em nome da estabilidade das relações jurídicas, é de nenhum efeito toda e qualquer ato de renúncia porventura praticado. Todavia, isso se dá apenas no concernente aos prazos legais de decadência, pois quanto aos prazos convencionais é perfeitamente possível a renúncia por quem de direito" (*Código Civil comentado*. 3. ed. São Paulo: LTr, 2007. p. 171-172).

86.2. Da pronúncia de ofício pelo juiz da causa

A decadência, a exemplo do que sucede com a prescrição, pode e deve ser declarada de ofício pelo juiz da causa, caso a parte interessada não a invoque. A declaração é dever de ofício de juízes de todas as jurisdições. Caso a jurisdição inferior tenha sido omissa, compete à superior pronunciá-la. O dever de ofício não é procedimento que esteja contido no poder discricionário do juiz. É uma obrigação da qual deve se desincumbir. Pode e deve ser pronunciada em qualquer fase processual e em qualquer grau de jurisdição. Por óbvio, tratamos aqui da decadência legal.

86.3. Das consequências do não pronunciamento

Pelo não pronunciamento, a lei não expõe o juiz a nenhum ato de represália. A ausência de invocação pela parte interessada terá como consequência a sua oneração com o pagamento daquilo que, por determinação legal, já não estava obrigado a fazê-lo. O pagamento, a exemplo das dívidas prescritas e da dívida de jogo, não poderá ser objeto de ação de repetição. Ter-se-ia *in casu* a formação do instituto da "dívida natural". Lembra Monteiro de Barros que, "perante o nosso direito, os casos mais conhecidos de obrigação natural são três: dívidas prescritas, dívida de jogo e juros não convencionados (ver Súmula n. 254, STF). Em todas essas obrigações, o credor não tem o direito de exigir, nem o devedor tem o dever de pagar. Entretanto, se houver pagamento espontâneo, não haverá liberalidade, porém, verdadeiro pagamento, tornando-se, pois, irrepetível" (*ob. cit.*, v. IV, parte I, p. 245-246). Ensina Sílvio Rodrigues, com suporte em Colint et Capitant, que "a obrigação natural é aquela desprovida de sanção, pois o devedor a cumpre se lhe aprouver. Caracteriza-se por ser suscetível de execução voluntária, sem que possa o devedor ser compelido a cumpri-la" (*Direito civil* — parte das obrigações. 28. ed. São Paulo: Saraiva, 2000. v. II, p. 171).

86.4. Do Ministério Público na qualidade de *custos legis*

Em sendo a decadência instituto de natureza jurídica de direito público, teria o Ministério Público, na qualidade de *custos legis*, legitimidade para o manejo da ação rescisória, caso a decadência não fosse invocada pela parte, nem pronunciada de ofício pelo Poder Judiciário? A resposta, *prima facie*, poderia levar a um direcionamento errôneo, uma vez que é dever do juiz, em qualquer fase processual e em qualquer grau de jurisdição, pronunciar a decadência, regra que, hoje, é aplicada também para a prescrição (§ 5º, art. 219, CPC). Entretanto, o fato de se cuidar de instituto de direito público, por si só, não legitima o Ministério Público a titularizar uma ação rescisória. Quer na decadência, quer na prescrição, a desobediência e o desprestígio ao instituto de direito público tem seus reflexos no patrimônio do devedor. Em sendo assim, o órgão ministerial não tem legitimidade para o manejo da ação rescisória na qualidade de *custos legis*. Todavia, a situação será outra se a decadência e a prescrição impuserem prejuízos materiais ao erário público. Em ocorrendo a hipótese, haverá legitimidade.

86.5. Da decadência convencional

Se a decadência for convencional, a parte a quem aproveita pode alegá-la em qualquer grau de jurisdição, mas o juiz não pode suprir a alegação (art. 211, CC).

Em se tratando de decadência convencional, *id est*, aquela que fora objeto de tratativa das partes, não haverá preclusão, e a parte beneficiada poderá invocá-la em qualquer momento processual ou grau de jurisdição. Por ser direito convencionado entre as partes, o juiz do processo não pode suprir a alegação, isto é, não poderá agir de ofício. Diferente da decadência legal, em que é concedido ao juiz da ação o pronunciamento de ofício, na convencional, somente a parte interessada poderá manifestar-se requerendo ao juiz a declaração.

Dispondo sobre o regime jurídico da decadência convencional, diz Nelson Nery Junior que, embora insuscetível de preclusão (a parte a quem aproveita pode alegá-la a qualquer momento e grau ordinário de jurisdição), o juiz não pode dela tomar conhecimento de ofício. O juiz só pode conhecer da decadência convencional se for alegada pela parte a quem aproveita. É híbrida a natureza jurídica da decadência convencional, pois é um misto de matéria de ordem pública (não preclui) e de matéria de direito dispositivo (o juiz só pode dela conhecer se for alegada pela parte). A norma constitui uma exceção à regra do CPC, art. 219, § 5º (*Código Civil comentado*. 6. ed. São Paulo: RT, 2008. p. 387).

Ao comentar o art. 193 do mesmo Código, o autor, ao falar a prescrição, explica que: "O réu, a quem aproveita a prescrição, pode alegá-la mesmo depois da contestação, conforme autoriza a norma sob comentário e o CPC, art. 303, III. É admissível a alegação de prescrição, pela primeira vez, nas razões ou nas contrarrazões de apelação. A expressão 'em qualquer grau de jurisdição', constante da norma sob comentário, deve ser entendida acrescida da locução 'ordinário', porque não se pode alegar a prescrição, pela primeira vez, em grau de recurso especial nem de recurso extraordinário. A CF, art. 102, III e 105, III exigem, para admissibilidade do RE e Resp, que a matéria tenha sido decidida em única ou última instância, razão por que o STF e o STJ, apreciando o RE e o Resp, só podem rejulgá-la e nunca julgá-la. Essa é a razão pela qual a prescrição não tiver sido efetivamente decidida nas instâncias ordinárias, não poderá ser apreciada em grau de recursos excepcionais" (*ob. cit.*, p. 375-376).

Esse entendimento era o esposado por J. M. Carvalho Santos (*Código Civil brasileiro comentado*. 9. ed. Rio de Janeiro: Freitas Bastos, 1963. v. III, p. 380-384), quando a prescrição tinha a natureza jurídica de direito privado.

86.5.1. Da jurisdição ordinária

Segundo a lei, a decadência legal poderá ser pronunciada em qualquer momento processual ou grau de jurisdição (art. 210, CC). A convencional em qualquer momento processual ou grau de jurisdição (art. 211, CC). Segundo a lei, não existe diferença entre a decadência legal e a convencional quanto ao momento e à jurisdição, não falando em nenhum momento em jurisdição ordinária (Varas, Regionais e TJs). Segundo doutrina, o eminente Nelson Nery Jr, citado acima, não haveria a possibilidade de pronunciamento da decadência legal ou da convencional (*ob. cit.*, p. 387) em face do que dispõe os arts. 102, III e 105, III, da Constituição Federal, já que os recursos extraordinários e especiais são cabíveis de decisões de única e de última instância (*ob. cit.*, p. 375-376).

Todavia, para o pronunciamento da decadência legal ou convencional, não há nenhum juízo de valor meritório, posto que decorrido o prazo de 120 (cento e vinte) dias, a parte perde o direito de utilização da via mandamental, mas o tema meritório poderá ser abordado, discutido e analisado por meio de instrução probatória em âmbito de ação ordinária. Apenas o núcleo operacional da decadência é de ordem meritória, segundo a lei (art. 269, IV). A mesma regra é aplicada para a prescrição.

O pronunciamento da decadência ou da prescrição funciona como um pressuposto de admissibilidade para conhecimento do recurso extraordinário (STF) ou especial (STJ). A matéria julgada em única ou última instância, sequer, poderá ser conhecida, posto que impedida pela presença da decadência. Não vemos nos incisos III, dos arts. 102 e 105, óbice a que os tribunais superiores pronunciem a decadência ou a prescrição. Em sendo a decadência legal e a prescrição institutos de ordem pública, o Estado tem interesse em que seja declarada por qualquer jurisdição e em qualquer fase processual, daí o comando legal (art. 210, CC). A convencional dependerá sempre de iniciativa da parte beneficiada (art. 211, CC). Embora na decadência legal e na prescrição os reflexos materiais se projetem sobre o titular e não sobre o erário, isso não constitui motivo para que se restrinja o comando legal para as jurisdições ordinárias.

86.6. Da contagem de prazo

A contagem tem início com a edição do ato que se pretende impugnar nos termos do art. 184, CPC. O prazo de 120 (cento e vinte) dias não equivale a 4 (quatro) meses. Se houver recurso administrativo, o início do prazo estará condicionado ao efeito do recurso. Se o efeito foi apenas devolutivo, o prazo da segurança tem início imediato, já que o recurso não evitará a execução do ato. Se o recurso for dotado dos efeitos devolutivo e suspensivo, o prazo não se desatrela, mesmo porque, não haveria legítimo interesse para a impetração, uma vez que o efeito suspensivo impede a execução do julgamento do recurso administrativo inicial o prazo para a impetração.

Todavia, mesmo havendo a possibilidade de recurso com ambos os efeitos, se a espera de resolução pela via administrativa for capaz de impor prejuízos imediatos ou for potencialmente capaz impô-los com difícil ou impossível reparação, poderá a parte impetrar a segurança, pois nesse caso estaria presente o legítimo interesse.

Dentro do rigor decadencial, o prazo tem início e término, não havendo interrupção ou suspensão (art. 207, CC). Disso resulta que, se o prazo terminar em dia não útil (sábado, domingo, feriado), deve a parte impetrar a segurança antes do vencimento do prazo fatal. Essa foi a regra que esteve em vigência durante décadas. Nada obstante a prescrição contida no art. 220, CPC: "O disposto no artigo anterior (que cuida da prescrição) aplica-se a todos os prazos extintivos previstos na lei."

O Superior Tribunal de Justiça que diz a última palavra em lei federal firmou jurisprudência no sentido de que, também no caso de decadência, aplicam-se as regras do art. 184, CPC (RTJ 78/461; RT 4876/224, 490/71, 514/269; STJ 3ª S, MS 10.220, DOU 13.8.07, rel. Min. Arnaldo Esteves).

Art. 24

Art. 24. Aplicam-se ao mandado de segurança os arts. 46 a 49 da Lei n. 5.869, de 11 de janeiro de 1973 — Código de Processo Civil.

Comentários

Embora a redação fosse modificada, o conteúdo equivale ao art. 19 da Lei n. 1.533/51. A antiga redação era genérica ao indicar o Código de Processo Civil no que concerne ao regulamento do litisconsórcio. A redação atual indiciou expressamente os artigos do CPC, o que não andou bem, posto que qualquer modificação neste deixará a lei defasada. A redação antiga era induvidosamente melhor. Existe uma tendência nada salutar do legislador em modificar a redação, como se a mostrar o domínio do vernáculo. No caso, se houvesse repetido a redação anterior, estaria perfeito.

87. Do litisconsorte — *enfoque geral*

São partes no processo, todas as pessoas que venham a fazer parte da relação processual de modo originário ou posteriormente, estando todos sujeitos às regras processuais. Dessa forma, o autor, réu, terceiros intervenientes, como assistente, opoente, nomeado à autoria, denunciado à lide, chamado ao processo, substituto processual, todos estão adstritos às regras processuais. Autor é aquela parte que ocupa o polo ativo da demanda e que inicia, que promove, que ajuíza a ação e formula o pedido. Réu é a parte que ocupa o polo passivo da demanda e contra quem o autor busca cobrar uma obrigação inadimplida ou uma obrigação de fazer ou de não fazer desrespeitada. Pode-se dizer que a forma mais simples de uma ação é a que inicia com único autor e por único réu. Não é tão incomum que numa mesma ação surjam vários autores ou vários réus, ou, até mesmo, vários autores e vários réus, embora essa hipótese seja menos comum. Em havendo pluralidade de autores, diz-se que o litisconsórcio é ativo; se de vários réus, será passivo. Se de vários autores e de vários réus, ter-se-á o litisconsorte misto. Os componentes de qualquer um dos litisconsórcios indicados denominam-se litisconsortes. Nos itens que seguem discorreremos sobre as várias espécies de litisconsórcios. O juiz poderá limitar o número de litisconsortes facultativos, quando a reunião de todos puder comprometer a rápida solução do litígio ou dificultar a defesa. Em ocorrendo a hipótese, o pedido de limitação interrompe o prazo para a resposta, que passará a ser contado a partir da intimação da decisão (art. 46, parágrafo único, CPC).

87.1. Do núcleo formador do litisconsórcio

As partes podem formar litisconsortes ativa e/ou passivamente, no mesmo processo. Isso se dá quando, entre as partes litisconsorciadas, houver comunhão de direitos, ou dá-se o litisconsórcio quando duas pessoas podem litigar de forma conjunta, ativa, obrigação relativamente à lide, quando os direitos e as obrigações derivam do mesmo fundamento de fato ou de direito; entre as causas houver conexão pelo objeto ou pela causa de pedir, ou quando ocorrer afinidade de questões por um ponto comum de fato ou de direito (art. 46, incisos I a IV, CPC). Litisconsórcio é, pois, um conjunto de pessoas que participam de uma mesma ação, onde pode existir a pluralidade de parte no polo ativo ou passivo, ou a pluralidade poderá compor ambos os polos. Pode-se dizer que é cumulação subjetiva de partes em litígio. Não existe a possibilidade de formação de litisconsórcio por acordo entre as partes.

Lembra José da Silva Pacheco que a ação processual é, por natureza, individual. Acontece que, quando várias pessoas se acham vinculadas entre si, embora sem conhecimento disso, por laços causais, que tornam a ação de interesse comum, podem, por economia processual, servir-se do mesmo processo. Igualmente, ocorre quando há, entre várias pessoas, em qualquer das suas posições básicas de autor ou de réu, liames conectivos de fato ou de direito, e quando haja em si relações tais que o resultado da ação de uma parte tenha essencial significância para as outras (*Direito processual civil*. São Paulo: Saraiva, 1976. p. 133).

Levando-se em consideração o momento em que surge, o litisconsórcio poderá ser inicial, quando surge na própria petição inicial (ativo), ou por ocasião da defesa (passivo), ou por ocasião da inicial e da defesa (misto); será classificado como litisconsórcio ulterior, quando a formação se der em momento posterior ao momento inicial, ou seja, já no curso do processo.

87.2. Da classificação do litisconsórcio

O momento oportuno para a formação do litisconsórcio está diretamente ligado ao lugar em que as partes ocupam na ação. Em sendo litisconsórcio ativo, a formação se dará por ocasião do ajuizamento da ação. No processo civil, é permitida a acumulação até antes da citação (art. 264, CPC). O litisconsórcio ativo, depois de citado o réu, poderá ser permitido com a concordância do réu e a tolerância do juiz, caso em que será devolvido o prazo para a resposta. Se a formação for passiva, deve ser formulada por ocasião da resposta (réu). Em sendo a hipótese de litisconsórcio necessário, deve ser admitido a qualquer momento, antes do saneamento. Por ocasião do despacho saneador, verificando a ausência de litisconsorte necessário, deverá dar prazo para que a parte sane a falta. Vencido o prazo, sem atendimento, o processo será extinto sem resolução do mérito (art. 47, CPC), pois o juiz não poderá decidir sem a presença de todos os litisconsortes necessários.

No processo do trabalho, em se cuidando de dissídio individual entre empregado e empregador, e não havendo despacho saneador, a admissão de qualquer litisconsorte poderá dar-se em primeira audiência. Para as demais ações trazidas pela EC n. 205/04 alheias ao tema trabalhista específico, nada impede que sejam aplicadas as regras procedimentais trabalhistas, sempre que possível, já que mais céleres e menos formalistas, podendo ser adaptadas às regras do litisconsórcio. Lembra Nelson Nery Junior que o litisconsórcio ativo facultativo deve ocorrer no momento do ajuizamento da ação. Proposta a ação, não é mais possível a sua formação. Não se admite o litisconsórcio facultativo ulterior, que ofenda o princípio do juiz natural. A determinação pelo juiz da reunião de ações conexas, bem como o ajuizamento de ações secundárias de denunciação à lide, chamamento ao processo e oposição são formas atípicas e impróprias de litisconsórcio ulterior (*CPC comentado*. 2. ed. São Paulo: RT, 1996. p. 421, item 4).

87.3. Do litisconsórcio necessário

O litisconsórcio necessário está diretamente ligado à disposição da lei ou à natureza da relação jurídica que impõe ao juiz o dever de decidir a lide de modo uniforme para todas as partes, caso em que a eficácia da sentença dependerá da citação de todos os litisconsortes do processo (art. 47, CPC). Nesse caso, o juiz determinará que o autor promova a citação de todos os litisconsortes necessários, dentro de prazo que assinar, sob pena de declarar extinto o processo sem resolução de mérito. Obviamente, o prazo fixado pelo juiz instrutor deverá ter suporte na razoabilidade, pois não interessa ao Estado a simples extinção do processo sem resolução da lide, pois isso atentaria contra o princípio da celeridade e da economia processual, pois a parte, certamente, ajuizará novamente a ação, com perda de tempo e de dinheiro. Havendo dificuldade, dado o número elevado de litisconsortes, o autor poderá requerer o aumento de prazo.

Como vemos, no cível, compete ao autor o ônus de promover a citação de todos os litisconsortes necessários, regra não aplicada em sede trabalhista, cuja citação será feita pela secretaria da Vara. Por ser litisconsórcio necessário, essa providência não pode ser resistida pela parte. Esta espécie de litisconsórcio é também chamada de unitário, como ensina Pontes de Miranda, "porque a decisão é única para todos" (*Comentários*... Rio de Janeiro: Forense, 1958. t. II, p.111). O conceito de litisconsórcio necessário liga-se mais profundamente ao de litisconsórcio unitário pela exigência de unicidade da decisão para todas as partes. A possibilidade de uniformidade é sempre relativa, pois a sentença variará de parte para parte, em conformidade com o autor e com o réu ou, até mesmo, entre os autores e/ou entre os réus. Unicidade significa única decisão para todas as partes da ação.

Daí a afirmação de que o litisconsórcio necessário é também indispensável. Ninguém pode opor-se a ele. Vale dizer, requerido pelos autores, o réu ou os réus não podem a ele se opor, sendo a recíproca também verdadeira. O litisconsórcio necessário é doutrinariamente subdividido em unitário e simples. O unitário exige que a decisão seja proferida de forma uniforme para todos os litisconsortes. O simples admite que a decisão possa ser diferente para os vários litisconsortes. Repita-se, sendo necessário, não poderá ser dispensado por acordo entre as partes litigantes.

87.4. Do litisconsórcio necessário unitário

Segundo a definição legal, dá-se o litisconsórcio unitário, quando "o juiz tiver de decidir a lide de modo uniforme para todas as partes" (art. 47, CPC). Necessário é aquele que não pode ser dispensado pelas partes, nem por recusa, nem por acordo. Nesse caso, não poderá haver decisão sem que os componentes do litisconsórcio façam parte do processo, *v. g.*, definição de domínio em imóvel a ser dividido entre várias pessoas.

Para Dinamarco, a incindibilidade do objeto do processo não só impede que se profira decisões conflitantes em relação aos litisconsortes (unitariedade), como também exige que todos eles estejam no processo (necessariedade). Essa é uma imposição de pura lógica, porque o absurdo é o mesmo: a) na sentença que pretendesse cindir o incindível mediante duas decisões conflitantes e b) na que ditasse uma solução para um dos sujeitos sem ditá-la em relação aos outros porque não foram partes. O autor exemplifica: no caso da demanda de nulidade do casamento promovido pelo Ministério Público, um dos cônjuges permaneceria casado, voltando o outro ao estado de solteiro, fosse quando recebessem julgamentos diferentes, fosse quando um só deles figurasse como parte no pro-cesso, sendo o casamento "anulado" com relação a ele e, quanto ao outro, não (*Instituições...* v. II, p. 350-351).

87.5 Do litisconsórcio facultativo e unitário

Diz-se facultativo, o litisconsórcio cuja formação depende da aquiescência da parte contrária, como regra. Pode ser subdividido em simples e unitário. Adverte Celso Agrícola Barbi que a afirmação de que o litisconsórcio necessário é também unitário não é verdadeira na recíproca, pois nem todo litisconsórcio unitário é necessário. Exemplifica com a hipótese do litisconsórcio unitário que ocorre a propósito da ação para anular deliberação de assembleia geral de sociedade por ações. Para essa ação, qualquer acionista tem legitimação, podendo agir isoladamente, caso em que não se pode falar em litisconsórcio. Se outros acionistas resolverem participar do processo junto com aquele primeiro, formarão o litisconsórcio facultativo. Vale dizer, tem-se o litisconsórcio ativo facultativo, porque nem a lei, nem a natureza da relação jurídica, impõe a sua formação. Entretanto, formado o litisconsórcio, mesmo mantendo o caráter de facultativo, ele será, obrigatoriamente, unitário do ponto de vista da decisão. Isso porque o juiz deverá resolver a lide de forma uniforme para todos os autores, não podendo anular a deliberação da assembleia com relação a um e não fazê-lo em relação a outros (*Comentários*... v. I, t. I, p. 282-283).

Ensina Nery (*CPC Comentado*. 2. ed. 1996. p. 416, n. 6) que: "O fato e o juiz, eventualmente e no caso concreto, decidir de maneira uniforme para os litisconsortes não basta para caracterizá-lo como unitário. Ao contrário do litisconsorte necessário, cuja obrigatoriedade de formação pode decorrer da lei ou da relação jurídica, a unilateralidade litisconsorcial somente existe em função da natureza da relação jurídica discutida em juízo. São exemplos de litisconsórcio unitário, os que devem ser formados nas ações constitutivas, positivas ou negativas". O autor exemplifica com a ação reivindicatória ajuizada por apenas um condômino. A formação litisconsorcial é facultativa (art. 1.314, CC) e permite que apenas um condômino reivindique a coisa por inteiro de quem a possua; mas a lide tem de ser decidida de maneira uniforme para todos os condôminos, pois deve o juiz reconhecer, ou não, o domínio de todos sobre o imóvel (p. 417).

Se fosse possível considerar os preceitos normativos do art. 47, CPC, de forma solitária no mundo jurídico, poder-se-ia ser tentado a conceber a conclusão de que todo litisconsórcio unitário seria forçosamente unitário, tendo em conta a conceituação expressa de que: "Há litisconsorte necessário, quando, por disposição de lei ou pela natureza da relação jurídica, o juiz tiver de decidir a lide de modo uniforme para todas as partes ...". Todavia, a interpretação a ser feita é a sistemática, isto é, considerando a norma utilizada em consonância com outras regras legais existentes ou mesmo construções jurídicas aplicáveis à espécie.

Sobre o tema, preleciona Dinamarco que, da convivência do art. 47, CPC, com outras disposições legais e com algumas conclusões jurídicas, podem ser extraídas exceções à regra. Daí a razão pela qual existem no sistema casos de litisconsórcio que, mesmo sendo unitário, não existe obrigatoriedade na formação e isso somente se dará se for da vontade do autor ou dos autores (facultatividade do litisconsorte). Essa é, pois, a diferença que distingue os conceitos de unilateralidade e de necessariedade, os quais não se confundem, nem se colocam em relação de gênero à espécie. Conclui: são casos de litisconsórcios unitários não necessários (facultativos) todas as causas para as quais a lei estabelece uma legitimidade extraordinária concorrente, isto é, mais de um sujeito é autorizado a atuar em juízo, cada um deles em nome próprio, mas todos no interesse de um mesmo terceiro. A lei não exige que atuem em conjunto, o que significa que não se trata de litisconsórcio necessário e só ajuizarão a demanda conjuntamente se preferirem assim. (...) O autor também fala da legitimação ordinária. Há casos de litisconsórcio unitário facultativo entre legitimados ordinários, sempre que, de algum modo, a lei autorize a demanda individual (facultatividade); mas o objeto da demanda seja indivisível (unilateralidade).

Como em todos os litisconsórcios unitários, não necessários, sua formação somente é permitida, não exigida, mas, quando formados, implicarão homogeneidade de tratamento aos litisconsortes (*Instituições...* v. II, p. 355-356).

87.6. Do litisconsórcio facultativo e simples

Diferente do unitário, o litisconsórcio simples não exige que a decisão proferida seja uniforme para vários litisconsortes. A sua formação está ligada à vontade dos autores. Exemplo: num acidente em que ficaram feridas várias pessoas por culpa do motorista, cada uma poderá ajuizar a ação ou todos poderão fazê-lo em conjunto. A sentença a ser proferida, embora com a mesma causa de pedir, terá enfoques diversos para cada litisconsorte. Essa, pois, a diferença entre litisconsórcio unitário e simples. No primeiro, a decisão deverá ser igual para todos; no simples, a sentença poderá decidir de forma diversa para vários litisconsortes. Embora o fato gerador para uma ação de indenização (danos materiais e morais) seja o mesmo, as consequências vão depender da posição que cada acidentado ocupa ou ocupava (em caso de morte) na família, se era ou não arrimo de família, a idade, a profissão (bailarina, pianista, pintor) etc.

87.7. Da legitimidade *ad causam* no litisconsórcio

A existência de titularidade para o direito substancial perseguido em juízo é pressuposto indispensável para que duas ou mais pessoas formem um litisconsórcio. Cada litisconsorte deve ter a possibilidade de demandar isoladamente na posição de autor ou de réu, dependendo da espécie de litisconsórcio. Existe a exigência da titularidade substancial para a composição de toda espécie de litisconsórcio, seja facultativo ou necessário, seja unitário ou simples, ativo, passivo, originário ou ulterior.

87.8. Da limitação no litisconsórcio

Dispõe a lei que: "O juiz poderá limitar o litisconsórcio facultativo, quanto ao número de litigantes, quando este comprometer a rápida solução do litígio ou dificultar a defesa. O pedido de limitação interrompe o prazo para a resposta, que recomeça da intimação da decisão" (parágrafo único, art. 46).

A limitação de que fala a lei não traduz poder de arbítrio do juiz de limitar o número de atores ou réus litisconsorciais. Deverá o juiz analisar cada caso com redobrado critério e fundamentar objetivamente (art. 93, IX, CF) a razão pela qual o número de autores ou de réus, em reunião litisconsorcial, causará dificuldades para a defesa ou procedimentais, com reflexos negativos ao princípio da celeridade processual. Não bastará, para tanto, que o juiz cite a letra da lei (parágrafo único), deverá indicar objetivamente os inconvenientes que se apresentam.

Ao contrário do que tivemos oportunidade de constatar, em se apresentando a hipótese, pode o juiz determinar o desmembramento em tantas ações com determinado número de litisconsortes quantas lhe pareçam necessárias para evitar os inconvenientes por ele mesmo citados. O que significa que não deve pedir a redistribuição da parte restante, permanecendo apenas com aqueles que achar por bem de ficar. Se assim proceder, fere o princípio do juiz natural. O que poderá fazer, e isso se nos afigura correto, é determinar ao distribuidor que sobre o desmembramento se faça a oportuna compensação. Com maior razão, também não poderá eleger um número de litigantes dentro da ação e extinguir o processo quanto aos demais. Se assim proceder, o ato é arbitrário, e não de arbítrio, e desafiará o mandado de segurança.

A restrição permitida pela lei diz respeito ao litisconsórcio facultativo, não podendo ser estendida ao litisconsórcio necessário, por motivos óbvios, pois, ao assim proceder, o juiz diretor do processo estaria causando maus-tratos ao dispositivo legal restritivo. Dinamarco, que denomina a hipótese de "litisconsórcio multitudinário, lembra que, de modo liminar, o litisconsórcio consiste em desmembrar o grupo inicialmente formado, para que se formem grupos menores, cada um destes prosseguindo em um processo. Constituiria denegação de justiça a exclusão pura e simples dos litisconsortes excedentes, para que só alguns permanecessem em juízo (*Instituições...* v. II, p. 338).

87.9. Do princípio da inércia no litisconsórcio

O juiz está condicionado pelo princípio da inércia, não podendo ir além dos limites traçados pela lei (art. 128, CPC). Deverá, todavia, agir de ofício, em se tratando de litisconsórcio unitário. Do que aflora do art. 47, CPC, o juiz tem o dever de provocar a inclusão de réus em determinas demandas, nas quais, sem essa providência, o processo não pode prosseguir. A conexidade prevista no art. 105, CPC, pode constituir uma forma indireta de formação de litisconsórcio.

Dá-se o litisconsórcio alternativo passivo, quando o autor tem dúvida quanto ao réu detentor de legitimatio *ad causam* passiva. Com dúvida, para que o processo não venha a ser extinto sem julgamento do mérito, coloca no polo passivo as pessoas físicas ou jurídicas que lhe pareçam mais adequadas. Para Dinamarco, o litisconsórcio alternativo resolve-se rigorosamente em um cúmulo alternativo de demandas, expressamente admitido pelo art. 288, CPC. Aqui, as partes são plúrimas, mas, além da estreita analogia entre as situações e plena coerência com o sistema do Código de Processo Civil, a admissibilidade do litisconsórcio alternativo é, acima de tudo, franqueada pela liberdade de demandar que a Constituição Federal assegura amplamente, mediante a garantia do direito de ação (art. 5º, inciso XXXV). Para o autor, falta apenas familiarização dos operadores processuais brasileiros com esse instituto (*Instituições...* v. II, p. 360).

87.10. Dos litisconsortes considerados distintamente

a) Do litisconsórcio simples — O princípio que diz respeito à independência dos litisconsortes tem aplicação nos casos de litisconsórcio simples, à mercê da autonomia que envolve essas hipóteses. Cuida-se, em verdade, de mera cumulação de ações, pois cada parte poderia propor, isoladamente, a sua ação. Assim, curial que os atos e as omissões de um litisconsorte não reflita negativamente sobre o outro, mas se mantenha no âmbito de quem praticou o ato ou é o culpado pela omissão. Tome-se, como exemplo, o caso da sentença que fora desfavorável e apenas alguns recorreram. Quem não recorreu não terá a oportunidade de modificar a decisão.

b) Litisconsórcio unitário — Nesta espécie de litisconsórcio, como vimos antes, a sentença a ser proferida deverá ser uniforme em relação a todos os litisconsortes e o princípio previsto no art. 48, CPC, não tem aplicação na sua inteireza, como veremos a seguir. Neste caso, a regra que beneficia um litisconsorte também beneficiará os demais. O art. 320, I, CPC, é exemplo do litisconsorte unitário ao eliminar os efeitos da revelia, quando, havendo vários réus, um ou alguns deles contestar ação. O art. 509, CPC, também é exemplo de litisconsórcio unitário ao preceituar que: "O recurso interposto por um dos litisconsortes a todos aproveita, salvo se distintos ou opostos os seus interesses". Todavia, no caso do litisconsorte unitário, a recíproca não é verdadeira. Os atos ou omissões que impõem prejuízo ao praticante do ato ou ao litisconsorte omisso não se comunicam aos demais litisconsortes. Sábia é a lei ao, assim, comandar. Se não fosse desta forma, estar-se-ia permitindo que um litisconsorte negligente pudesse pôr a perder o direito de outro. Em suma, o princípio que rege o litisconsórcio unitário é o de que os atos omissivos ou comissivos praticados por um dos litisconsortes não se comunicam aos demais para prejudicar; mas se comunicam para beneficiar.

87.11. Do direito de promover o andamento do processo

Dispõe o art. 49, CPC, que todos os litisconsortes deverão ser intimados dos respectivos atos, mas, cada um, solitariamente, tem o direito de prover o andamento do processo. A lei não deixa dúvida quanto a isso. Ao exigir a presença de todos para a movimentação, poder-se-ia desaguar em impasse sempre que os litisconsortes não estivessem de acordo sobre o que fazer naquele momento. Como é unitário, o ato praticado por um beneficiará aos demais, sem a necessidade de que todos venham a praticar o mesmo ato. No que concerne ao litisconsórcio facultativo simples, a possibilidade de movimentar o processo é mais evidente, pois cuida de mera cumulação de ações. E os atos ou as omissões de um não prejudicarão aos demais. Se um litisconsorte quer a prática do ato, e outro não, não haverá consequências pela comunicação do ato comissivo ou do ato omissivo. O que se apresenta indispensável é que todos, indistintamente, sejam intimados para a prática do ato.

87.12. Da aplicação subsidiária para o litisconsórcio

A persistência do artigo possibilitando a formação de litisconsórcio é oportuna, não só para a presença do litisconsórcio facultativo, mas, principalmente, do litisconsorte necessário, caso em que a segurança não poderá prosseguir sem a sua vinda ao polo passivo. Ver Súmula n. 631, STF: "Extingue-se o processo de mandado de segurança se o impetrante não promove, no prazo assinado, a citação do litisconsorte passivo necessário." Este artigo liga-se ao conteúdo do § 2º, do art. 10, onde a restrição ali feita somente poderá ser aplicada ao litisconsorte facultativo. Ver comentários no item 55.

87.13. Da autoridade coatora e a pessoa jurídica à qual pertence

Pergunta que se faz é: se a pessoa jurídica de direito público à qual pertence a autoridade dita coatora, quando integrar o processo, o faria na condição de litisconsorte?

Não nos parece que assim seja. A autoridade indicada como coatora é aquela que tem poderes para desfazer ou determinar o desfazimento do ato (comissivo) impugnado ou a produção do ato omissivo. A autoridade impetrada faz parte da pessoa jurídica de direito público. As suas ligações são de parte com o todo. Entre ambas vigem os mesmos interesses e não existem direitos ou interesses diferentes. Tanto assim é que a pessoa jurídica de direito público poderia ser a autoridade coatora, se não houvesse concedido poderes para a ora impetrada.

O Superior Tribunal de Justiça tem decidido no sentido de que, ocorrendo a hipótese, não haverá falar em formação de litisconsórcio. A 1ª Turma, no Resp 960.604-RS, DJ. 22.11.07, p. 208, relator o Ministro José Delgado, decidiu que: "Embora a parte passiva no mandado de segurança seja pessoa jurídica de Direito Público, a impetração deve ser dirigida à pessoa física que o representa pois ela é quem, em nome da pessoa jurídica a quem está vinculada, praticou o ato reputado ilegal ou abusivo e deverá prestar as informações devidas".

Art. 25

Art. 25. Não cabem, no processo de mandado de segurança, a interposição de embargos infringentes e a condenação ao pagamento dos honorários advocatícios, sem prejuízo da aplicação de sanções no caso de litigância de má-fé.

―――――――――――――― Comentários ――――――――――――――

Este artigo não tem correspondente na Lei n. 1.533/51, revogada.

A redação do art. 25 apresenta lapso de concordância entre o verbo caber (cabem) e o termo interposição. Fez-se a concordância com embargos, incorretamente. O correto é: "Não cabe a interposição de embargos infringentes".

88. Da interposição de embargos infringentes

O legislador houve por bem transformar em lei o entendimento do Supremo Tribunal inserido na Súmula n. 597: "Não cabem embargos infringentes de acórdão que, em mandado de segurança, decidiu, por maioria de votos, a apelação". Nesse mesmo sentido, em atenção ao princípio da *una lex, una jurisdictio*, o Superior Tribunal de Justiça editou a Súmula 169: "São inadmissíveis embargos infringentes no processo de mandado de segurança." Tendo em conta que a súmula do STJ diz respeito à lei federal, vale como direcionamento sumular a ser seguido por todos os demais tribunais superiores, já que cabe ao STJ dizer a última palavra sobre lei federal.

Ver Súmulas do STF: 293, 294, 295, 296 e 455; STJ 88, 207 e 255/ TFR 48 e 77. Ver art. 530 e ss. do CPC.

Tendo em conta as restrições já impostas pela Lei n. 10.352/01 (arts. 530 e ss., CPC), não nos parece que a eliminação dos embargos infringentes em sede de segurança possa trazer alguma contribuição de peso.

88.1. Dos honorários advocatícios

A discussão sob o cabimento de condenação em honorários em mandado de segurança está superada pela Súmula n. 512, STF: "Não cabe condenação em honorários de advogados na ação de mandado de segurança." Nesse mesmo sentido, a Súmula n. 105, STJ: "Na ação de mandado de segurança não se admite condenação em honorários advocatícios."

Ambas as súmulas contrariam as regras de sucumbência e o princípio da *restitutio in integrum* não deixa de ser um incentivo aos desmandos de autoridades públicas.

Os honorários advocatícios constituem a retribuição ao trabalho do causídico e tem natureza alimentar. Não existe, como regra, trabalho gratuito. De conformidade com o princípio da sucumbência, a responsabilidade é da parte que perde a ação, total ou parcialmente, com suporte o princípio da *restitutio in integrum*, pois aquele que vem a juízo buscar aquilo que lhe é devido não pode ser penalizado (Chiovenda). A responsabilidade deve ser creditada àquele que deu causa, obrigando que o autor ou credor movimente o poder jurisdicional para fazer valer o seu direito. É até mesmo intuitivo que aquele que não deu causa venha a ser onerado com o custo da demanda, quando vencedor na ação, vale dizer, quando concedida a segurança.

É de conhecimento notório que o poder público é o maior descumpridor de leis, sendo mesmo o que mais comete ilegalidades e arbitrariedades. O mandado de segurança, na sua origem histórica, teve por escopo coibir desmandos de autoridades públicas. Da sua origem até os nossos dias, nada mudou, pessoas incapacitadas ao cargo continuam exercendo funções de autoridade (*warrant*-Grã-Bretanha), cometendo ilegalidades ou agindo com abuso de direito ou de poder. E ficam numa posição muito cômoda, muitas vezes, afrontando decisões de tribunais superiores.

Não existe razão de ordem fática ou jurídica para que o poder público seja premiado com tantas benesses processuais, num incentivo constante à desobediência de direitos individuais e coletivos dos cidadãos, daqueles que pagam compulsoriamente os seus impostos. Existem casos em que a autoridade age com escancarada má-fé. Cite-se, como exemplo, o prefeito de São Paulo que, à época, curtindo desavença com empresário, desapropriou mansão sob o argumento de que iria transformá-la numa creche.

O impetrante é afrontado no seu direito pelo abuso de poder de autoridade, que sempre acha que pode tudo, tem 120 (cento e vinte) dias para contratar um advogado para impetrar segurança e, ganhando, ou não, deverá pagar os honorários advocatícios. Tem-se uma espécie de justiça às avessas!

A posição da Excelsa Corte, seguida pelos demais tribunais, merece ser revista, posto que é contra a realidade das coisas. O motivo é simples: justiça.

Art. 26

Art. 26. Constitui crime de desobediência, nos termos do art. 330 do Decreto-Lei n. 2.848, de 7 de dezembro de 1940, o não cumprimento das decisões proferidas em mandado de segurança, sem prejuízo das sanções administrativas e da aplicação da Lei n. 1.079, de 10 de abril de 1950, quando cabíveis.

──────────── **Comentários** ────────────

89. Do crime de desobediência

Dispõe o art. 2º, da Lei n. 1.079/50 que trata dos crimes de responsabilidade:

> Os crimes definidos nesta Lei, ainda quando simplesmente tentados, são passíveis da pena de perda do cargo, com inabilitação, até cinco anos, para o exercício de qualquer função pública, imposta pelo Senado Federal nos processos contra o Presidente da República ou ministros de Estado, contra os ministros do Supremo Tribunal Federal ou contra o Procurador Geral da República.

Interessante notar que, embora o crime de desobediência seja tipificado no Código Penal: "desobedecer à ordem de funcionário público, isto é, desatender, não cumprir", a Lei de Segurança considera crime de desobediência o não cumprimento das decisões proferidas em mandado de segurança, sem prejuízo das sanções administrativas previstas na Lei 1.079/50, sempre que cabível. Vale dizer, toda pessoa que estiver obrigada a cumprir decisão emanada de mandado de segurança cometerá o crime de desobediência se não cumpri-la. Nas decisões, incluam-se as liminares. Todavia, "é imprescindível que o destinatário da ordem tenha o dever jurídico de agir ou deixar de agir" (STJ, HC 3.965, 5ª T., RT 726.600. RHC 16.045, 6ª T., DJU 16.8.04, p. 284); a ordem deve emanar de funcionário competente. Se incompetente, não existe delito; a ordem deve ser legal, formal e materialmente (forma e conteúdo); momento consumativo. Conforme o conteúdo da ordem, se indica um comportamento positivo ou negativo, consuma-se o delito com a ação ou a omissão do desobediente (RT 499/304). Tratando-se de omissão, é preciso verificar se foi concedido prazo para a execução da ordem. Nesse caso, consuma-se o delito no momento de sua expiração (do prazo). Constitui princípio doutrinariamente aceito o de que, se a conduta negativa consiste na inadimplência de uma obrigação, para cuja satisfação se marca prazo, o delito somente se consuma com o seu escoamento (JTJ 222/340). Não havendo prazo marcado, exige-se um período de tempo juridicamente relevante, capaz de indicar com segurança a desobediência (RT 499/304) *apud* JESUS, Damásio E. de. *Código Penal anotado*. 17. ed., 2. tiragem. São Paulo: Saraiva, 2006. p. 1.012-1.014).

Embora a tendência doutrinária se biparta, quanto ao funcionário público, em crime de desobediência (RT 418/249) e de prevaricação (RTJ 103/139), em sede de segurança, não se poderá falar em prevaricação, sempre que se cuidar de descumprimento de decisão. A desobediência à ordem judicial está, pois, tipificada como ilícito penal.

Decidiu o Superior Tribunal de Justiça: Mandado de segurança. Desobediência a ordem judicial. Ofício ao Ministério Público. *Contempt of court*. Não constitui ato ilegal do juiz que, diante da indevida recusa para incluir em folha de pagamento a pensão mensal de indenização por ato ilícito, deferida em sentença com trânsito em julgado, determine a expedição de ofício ao Ministério Público, com informações, para as providências cabíveis contra o representante legal da ré. Recurso ordinário improvido (ROMS 9.228-MG, rel. Min. Ruy Rosado de Aguiar, DJ 14.6.99, RSTJ 122/292).

Ocorrendo a hipótese, o juiz poderá valer-se do parágrafo único, do art. 14, CPC, e aplicar a multa balizada ao percentual de até 20%, sem prejuízo das sanções penais.

O artigo sob comento, certamente, determinará maior efetividade no cumprimento das decisões.

Art. 27

Art. 27. Os regimentos dos tribunais e, no que couber, as leis de organização judiciária deverão ser adaptados às disposições desta Lei no prazo de 180 (cento e oitenta) dias, contado da sua publicação.

―――――――――――――― **Comentários** ――――――――――――――

90. Da adaptação dos Regimentos Internos e das Leis de Organização Judiciária

Aos tribunais, mediante a adaptação dos seus respectivos Regimentos Internos, deverão proceder às devidas adequações para que a nova lei de segurança tenha plena aplicabilidade. Nesse sentido, também as Leis de Organização Judiciária deverão ser adaptadas às novas disposições.

Referido artigo usa o verbo "deverão" ao se referir aos Regimentos Internos e às Leis de Organização Judiciária, o que significa que não se trata de mera recomendação, mas de ordem impositiva, com escopo de que o *writ* não venha a sofrer transtornos procedimentais com prejuízo para as partes. Em especial, a adaptação se refere à nova forma de impetração e a de comunicação dos atos processuais com o uso dos meios eletrônicos (§ 1º, art. 4º). A operacionalização do que consta no § 3º, do art. 4º, com observação das regras de Infraestrutura de Chaves Públicas Brasileiras — ICP-Brasil. De resto, excepcionadas algumas inovações, a nova Lei repete a Lei revogada (Lei n. 1.533/51). O meio eletrônico (§ 2º) e a Infraestrutura de Chaves Públicas Brasileira — ICP-Brasil (§ 1º), já estão previstos no art. 154, CPC. Ver Lei n. 11.419/06 que instituiu a informatização para o processo judicial.

O prazo de 180 (cento e oitenta) dias de que fala a lei, não impõe qualquer sanção para a desobediência. Agiu o legislador com razoabilidade, uma vez que cada Estado, cada ramo do Poder Judiciário tem as suas próprias dificuldades e as suas peculiaridades. O interesse de adaptação, certamente, também é dos próprios tribunais que envidarão esforços nesse sentido.

Art. 28

Art. 28. Esta Lei entra em vigor na data de sua publicação.

―――――――――――――― **Comentários** ――――――――――――――

91. Da ausência de vacatio legis

A entrada em vigor imediata significa que não foi concedida a chamada *vacatio legis*, ou seja, o tempo necessário para a efetiva adaptação a lei.

Dispõe o inciso II, do art. 5º, da Constituição Federal que "ninguém será obrigado a fazer ou deixar de fazer alguma coisa senão em virtude de lei."

O legislador certamente não agiu com razoabilidade ao não conceder tempo razoável à adaptação da lei. Não embebeu dos seus próprios ensinamentos expressos no art. 8º da Lei Complementar n. 95/98:

> A vigência da lei será indicada de forma expressa e de modo a contemplar prazo razoável para que dela se tenha amplo conhecimento, reservada a cláusula 'entra em vigor na data de sua publicação' para as leis de pequena repercussão.

Art. 29

Art. 29. Revogam-se as Leis n. 1.533, de 31 de dezembro de 1951, 4.166, de 4 de dezembro de 1962, 4.348, de 26 de junho de 1964, 5.021, de 9 de junho de 1966; o art. 3º da Lei n. 6.014, de 27 de dezembro de 1973, o art. 1º da Lei n. 6.071, de 3 de julho de 1974, o art. 12 da Lei n. 6.978, de 19 de janeiro de 1982, e o art. 2º da Lei n. 9.259, de 9 de janeiro de 1996.

──────────── Comentários ────────────

92. Das revogações

O Poder Legislativo (federal, estadual e municipal), durante décadas, adotara a regra do mínimo esforço. Toda lei trazia ao final do texto a expressão: "revogam-se as disposições em contrário". Eram disposições que poderiam contrariar a nova lei que, certamente, nem os próprios sabiam quais seriam. Mas seria muito fácil deixar esse trabalho de verificação aos advogados e ao próprio Poder Judiciário. Embora esse procedimento tenha se tornado regra, era uma espécie de desmoralização do próprio Poder Legislativo que, sequer, tinha conhecimento das leis que fazia, ou, se as conhecia, agia de forma desidiosa, deixando para os obreiros do direito o trabalho de garimpagem de leis revogadas total ou parcialmente.

A Lei Complementar n. 95, de 26 de fevereiro de 1998 modificou a situação vexatória que persistia e determinou no art. 9º:

> A cláusula de revogação deverá enumerar, expressamente, as leis ou disposições legais revogadas.

92.1. Das revogações tácitas

O fato de constar, expressamente, as leis revogadas, segundo o legislador, não elimina o trabalho de verificação de leis, artigos, parágrafos, inciso, ou alíneas revogadas tacitamente pela nova lei, pois esse é um trabalho de análise apurada e esforço de inteligência com aplicação de regras de hermenêutica, trabalho que estaria fora das possibilidades legislativas e que os juízes darão a última palavra.

BIBLIOGRAFIA

ALVIM, Arruda. *Código de Processo Civil comentado*. São Paulo: RT, 1975.

BARBI, Celso Agrícola. *Do mandado de segurança contra ato judicial*. Rio de Janeito: Ajuris, 1978.

_____. *Mandado de segurança na Constituição de 1988* (coord. Sálvio de Figueiredo Teixeira). São Paulo: Saraiva, 1990.

_____. *Comentários ao Código de Processo Civil*. Rio de Janeiro: Forense, 1975. v. I, t. I.

BARBOSA, Rui. Comentários à Constituição Federal do Brasil. v. IV, dados coligidos por Homero Pires e Pedro Lessa. In: *Poder Judiciário*.

BARBOSA MOREIRA, José Carlos. A legitimação para a defesa dos interesses difusos. *Revista Ajuris*, Porto Alegre, p. 32-82.

BUENO, Cássio Scarpinella. *Mandado de segurança:* comentários. 4. ed. São Paulo: Saraiva, 2008.

BUZAID, Alfredo. *Do mandado de segurança*. São Paulo: Saraiva, São Paulo, 1989.

CARVALHO SANTOS, J. M. *Código Civil Brasileiro Interpretado*. 7. ed. Rio de Janeiro: Freitas Bastos, 1961. v. 21.

CASTRO NUNES. *Mandado de segurança*. Rio de Janeiro: Forense, 1967.

CAVALCANTI, Themístocles. *Mandado de segurança*. Rio de Janeiro: Freitas Bastos, 1966.

CHIOVENDA, Giuseppe. *Instituições de direito processual civil*. Campinas: Bookseller, 1998. v. II.

COQUEIJO, Carlos Costa. *Mandado de segurança e controle constitucional*. 2. ed. São Paulo: LTr, 1982.

COSTA, Célio Silva. *A interpretação constitucional e os direitos e garantias fundamentais na Constituição de 1988*. Rio de Janeiro: Líber Jus, 1992. p. 758.

DINAMARCO, Cândido Rangel. *Instituições de direito processual civil*. São Paulo: Malheiros, 2001. v. II e III.

FABRÍCIO, Adroaldo Furtado. *Comentários ao Código de Processo Civil*. Rio de Janeiro: Forense, v. VIII, t. III.

FADEL, Sérgio Sahione. *Código de Processo Civil comentado*. Rio de Janeiro: José Konfino, 1974. t. III.

FAGUNDES, M. Seabra. *O controle de atos administrativos pelo Poder Judiciário*. 4. ed. Rio de Janeiro: Forense, 1967.

FERRAZ, Sérgio. *Mandado de Segurança (Individual e Coletivo):* Aspectos polêmicos. São Paulo: Malheiros, 1995.

FALCÃO, Luiz Guimarães. Artigo de doutrina: Os conflitos coletivos do trabalho. Ação de cumprimento. A Substituição e a Representação Processual. *Revista do Advogado*, mar. 1987.

GRINOVER, Ada Pellegrini. *As ações coletivas para a tutela do meio ambiente e dos consumidores*. Porto Alegre: Ajuris. p. 36/8.

_____. *Os princípios constitucionais e o Código de Processo Civil*. São Paulo: Busharsky, 1987.

MACIEL, Adhemar Ferreira. Observações sobre autoridade coatora no mandado de segurança. *Revista de Processo*. São Paulo, n. 49. ano 13, jan./mar. 1998.

MANCUSO, Rodolfo de Camargo. *Interesses difusos*. São Paulo: RT, 1988.

MARANHÃO, Délio. *Direito do trabalho*. Rio de Janeiro: Fundação Getúlio Vargas, 1974.

MARQUES, José Frederico. *Manual de direito processual*. São Paulo: Saraiva, 1974. v. I.

MATIELLO, Fabrício Zamprogna. *Código Civil comentado*. 3. ed. São Paulo: LTr, 2007.

MEIRELLES, Helly Lopes. *Mandado de segurança e ação popular*. São Paulo: RT, 1989.

_____. *Direito administrativo brasileiro*. 2. ed. São Paulo: RT, 1966.

MELO, Bandeira de; ARANHA, Oswaldo. *Princípios gerais de direito administrativo*. Rio de Janeiro: Forense, 1989. v. II.

MIRANDA, Pontes de. *Comentários ao Código de Processo Civil*. Rio de Janeiro: Forense, 1939. v. III.

_____. *Comentários à Constituição de 1946*. Rio de Janeiro: Forense, 1955. v. II.

_____. *Comentários ao Código de Processo Civil*. Rio de Janeiro: Forense, 1958.

MONTEIRO, Washington Barros. *Direito das obrigações*. 1ª Parte. 171. ed. São Paulo: Saraiva, 1982.

NERY JR., Nelson. *CPC comentado*. 2. ed. São Paulo: RT, 1996.

_____. *CPC comentado*. 6. ed. São Paulo: RT, 2008.

OLIVEIRA, Francisco Antonio. *Mandado de segurança e controle jurisdicional*. 3. ed. São Paulo: RT, 2001.

_____. *Tratado de direito processual do trabalho*. São Paulo: LTr, 2008.

_____. *O Processo na Justiça do Trabalho*. 5. ed. São Paulo: LTr, 2008.

_____. *Ação Civil Pública*. 2. ed. São Paulo: RT, 2004.

OLIVEIRA JR., Waldemar Mariz. *Substituição processual*. São Paulo: RT, 1971.

PACHECO, José da Silva. *Direito processual civil*. São Paulo: Saraiva, 1976.

RIBEIRO, Antônio Pádua. *Mandado de segurança:* alguns aspectos atuais. In: Sálvio de Figueiredo Teixeira (Coord.). São Paulo: Saraiva, 1990.

ROCHA, Carmem Lúcia Antunes. A Liminar no Mandado de Segurança. In: Sálvio de Figueiredo Teixeira (Coord.). *Mandado de segurança e de Injunção*. São Paulo: Saraiva, 1990.

RODRIGUES, Sílvio. *Direito Civil* — Parte das Obrigações. 2. ed. São Paulo: Saraiva, 2000. v. II.

ROSAS, Roberto. *Direito sumular*. 6. ed. São Paulo: RT, 1991.

SANTOS, Ulderico Pires dos. *Mandado de segurança na doutrina e na jurisprudência*. Rio de Janeiro: Forense, 1973.

SIDOU, Othon. *Do mandado de segurança*. 3. ed. São Paulo: RT, 1969.

NEGRÃO, Theotônio. *Código de Processo Civil*. 18. ed. São Paulo: RT, 1988.

URURGUAI, Visconde de. *Ensaios sobre direito administrativo*. Congresso Nacional. v. I, p. 136-137.